Facebook Marketing

Social Media & Online Marketing Anleitung mit Strategien für Unternehmer, Unternehmen & Anfänger.

Automatisiert Neukunden und Reichweite gewinnen durch Facebook Ads & Werbung!

Bonus:

1:1 umsetzbare Facebook-Ads Schablonen, damit Sie kein Geld bei Werbeanzeigen verschwenden!

1. Auflage 2020

Inhalt

Vorwort 4

Kapitel 1: Einführung ins Facebook Marketing 8

Facebook als Marketingwerkzeug: Funktionsweise & Statistiken 8

Welche Zielgruppe erreichen Sie über Facebook?..15

Für wen genau ist Facebook als Marketingplattform geeignet?...17

Das können Sie von Facebook Marketing erwarten18

Diese Kennzahlen sollten Sie kennen, um Erfolg zu haben...20

Kapitel 2: Wenn Sie diese Grundlagen beachten, dann ist der Erfolg mit Facebook Marketing vorprogrammiert 26

Positionierung – das A&O für Ihren (Marketing-) Erfolg 26

So sollte Ihr Marketing-Funnel für viele loyale Kunden aufgebaut sein...30

Meistern Sie diese eine Sache und vervielfachen Sie so die Rentabilität Ihrer Werbung.....................41

Kapitel 3: Mit dieser Strategie schaffen Sie es mit Facebook organisch Neukunden zu generieren. 43

So machen Sie sich und Ihr Unternehmen startklar für Facebook Marketing..................................43

Organische Methoden, um auf Facebook mehr Reichweite zu generieren 57

So gehen Sie vor, um mit Ihrer organischen Reichweite Kunden zu gewinnen 71

So nutzen Sie Facebook Insights zu Ihrem Vorteil 73

Kapitel 4: Geheime FM-Strategie – ohne Kosten zu mehr Reichweite und neuen Kunden 77

Kapitel 5: Automatisiert Neukunden durch Ads gewinnen – So skalieren Sie Ihre Einnahmen um das X-fache 84

Das müssen Sie verstehen, um Erfolg mit bezahlter Werbung zu haben.. 84

Diese Vorteile und Nachteile sollten Sie abwägen, bevor Sie Ads schalten (inkl. Empfehlung) 86

Erste Schritte: So erstellen Sie die passende Werbekampagne 91

Automatische Budgetoptimierung auf Kampagnenebene.. 108

Facebook-Pixel... 109

A/B-Testing 111

Diese Strategien sollten Sie wählen, um erfolgreiche und profitable Werbeanzeigen zu schalten......... 113

Diese Kennzahlen verraten Ihnen den Erfolg Ihrer Werbung und so optimieren Sie diese............... 117

Bonuskapitel: 1:1 umsetzbare Facebook-Ads Schablonen 124

Schlusswort 132

Vorwort

Facebook ist eines der größten sozialen Netzwerke weltweit und auch im deutschsprachigen Raum. Insbesondere durch den großen Erfolg der bezahlten Werbemöglichkeit auf Facebook zieht es immer mehr Unternehmen, Unternehmer und Selbstständige zur Neukundengewinnung auf Facebook.

Sie haben bereits ein Offline- oder auch ein Online-Business oder ein Unternehmen und Sie generieren noch keine Neukunden über Facebook? Dann sollten Sie es zügig ändern. Sonst macht es Ihre Konkurrenz und Sie verschwinden früher oder später von der Bildfläche.

Sie betreiben bereits ein Online-Geschäftsmodell auf einem anderen sozialen Netzwerk und möchten nun Facebook für noch eine größere Sichtbarkeit und eine breitere Zielgruppe nutzen? Dann lesen Sie unbedingt weiter. Das Buch ist nämlich nicht nur für Anfänger, sondern genauso für Fortgeschrittene geeignet!

Sie wollen Ihren Weg in die Selbstständigkeit wagen und suchen nach einem effizienten und sehr effektiven Weg um an Neukunden zu gelangen? Dann sind Sie hier genau richtig!

Das Buch enthüllt Ihnen alle Geheimnisse, Fallstricke und Strategien, um erfolgreich Marketing auf Facebook zu betreiben.

- ✓ Sie werden alle organischen Methoden erfahren, die Sie nutzen können, um Neukunden zu gewinnen und Sie langfristig an Ihr Unternehmen zu binden.
- ✓ Ihnen wird die FM-Strategie auf Facebook im Detail vorgestellt. So werden Sie auch ohne Werbebudget Kunden von Ihrem Unternehmen überzeugen können.
- ✓ Sie erfahren alles Notwendige, um profitable Werbeanzeigen auf Facebook schalten zu können. So werden Sie problemlos Ihr Business kontrolliert skalieren können.
- ✓ Durch Ihre steigende Online-Präsenz werden Ihnen weitere (Online-) Geschäftsmodelle und Kooperationen zur Verfügung stehen. Zum Beispiel werden Sie weitere Einnahmen durch z. B. Affiliate Marketing generieren können.
- ✓ Neben Neukunden werden Sie durch Ihre Facebookpräsenz ebenfalls bestehende Kunden langfristig binden können. Zusätzlich können Sie die Hilfsmittel zur Akquise von neuen Mitarbeitern nutzen.
- ✓ Damit die genannten Strategien bei Ihnen funktionieren, werden Ihnen alle Grundlagen zum Thema Online-Marketing erklärt. Als Bonus finden Sie in diesem Buch Facebook-Ads

Schablonen mit denen Sie für Ihr Business bzw. Ihr Angebot die perfekten Werbeanzeigen und Marketing-Funnel aufsetzen werden können.

Mit dem Erwerb dieses Buches haben Sie sich auf jeden Fall für den richtigen Weg entschieden, um mehr Neukunden zu gewinnen und Ihre Umsätze und Ihren Gewinn zu skalieren!

„Ich danke Ihnen für das entgegengebrachte Vertrauen durch den Kauf dieses Ratgebers und wünsche Ihnen stets einen erfolgreichen Online-Auftritt!"

Anton Marquardt

Weitere Bücher von Anton Marquardt rund um das Thema Online Marketing finden Sie direkt auf der **Amazon Autoren Seite**. Klicken Sie auf den Link oder Scannen Sie den Barcode mit Ihrer Kamera:

https://www.amazon.de/Anton-Marquardt/e/B088JYL68C

Hier finden Sie den Ratgeber zum Thema

„Instagram Marketing"

https://www.amazon.de/dp/B088LD4PPQ

Kapitel 1: Einführung ins Facebook Marketing

Facebook als Marketingwerkzeug: Funktionsweise & Statistiken

Facebook ist eine Social Media Plattform, die den Nutzern den Kontakt und den Austausch mit ihrem sozialen Netzwerk in der Online-Welt erlaubt.

Das soziale Netzwerk eines Nutzers kann aus Privatpersonen aber auch Unternehmen bestehen. Das bietet Unternehmern, Selbstständigen und Unternehmen die Möglichkeit, Neukunden zu generieren und die Bindung bestehender Kunden für einen höheren Customer-Lifetime-Value zu erhöhen. Wie das genau funktioniert, schauen wir uns aber nochmal zu einem späteren Zeitpunkt genauer an.

Die Interaktion zwischen Nutzern aber auch Unternehmen findet durch das Versenden von Nachrichten, Bildern, Videos oder Dateien im Privatchat statt. Genauso können Beiträge mit demselben Inhalt öffentlich in den Profilen bzw. der Chronik durch jeden Nutzer geteilt werden. Genau gleich wie bei Instagram können Nutzer ihre täglichen Ereignisse in der Storyfunktion teilen. Diese Inhalte sind dann 24

Stunden für befreundete Nutzer sichtbar.

Um sein soziales Netzwerk zu erweitern muss ein Nutzer einem anderen privaten Nutzer eine Freundschaftsanfrage versenden. Der andere Nutzer muss die Freundschaftsanfrage annehmen, damit eine Interaktion auf allen Ebenen stattfinden kann.

Wichtig anzumerken ist, dass Nachrichten ebenfalls ohne Freundschaftsanfrage versendet werden können. Allerdings erscheinen die Nachrichten nicht direkt im Nachrichtenempfang des Gegenübers, sondern in einem separaten Fach. Bei Verstößen gegen die Richtlinien können die Nachrichten ebenfalls im Spam Ordner landen. Wie Sie das verhindern können und Sie das Ganze für die Neukudnengenerierung nutzen können, besprechen wir später.

Ein Nutzer kann ebenfalls mit Unternehmen interagieren. Dafür müssen Unternehmen eine Unternehmensseite auf Facebook kreieren. Das erlaubt Unternehmen einen Austausch mit den Nutzern per Nachrichten oder durch das Teilen von Inhalten in der Chronik. Damit Nutzer die Inhalte von Unternehmen verfolgen können, müssen sie zuvor die Seite des Unternehmens liken und abonnieren.

Anders als bei Instagram, können Nutzer von Facebook nur Beiträge von ihren Freunden oder Seiten, die sie geliked haben sehen. In ihrem Feed werden zwar vereinzelt Vorschläge angezeigt, allerdings gibt es keine gesonderte Explore-Page wie bei Instagram. Deshalb ist es bei Facebook umso wichtiger, den Nutzer durch ein Like bzw. ein Abonnement an sich zu binden.

Wichtig hierbei zu erwähnen: den Austausch von Nachrichten hat Facebook auf die App Facebook-Messenger ausgelagert. Bei der Web-Nutzung spielt die Unterscheidung keine Rolle. Bei der Smartphone-Nutzung kommt man aber an der Messenger-App nicht vorbei.

Facebook Messenger
(Quelle: Apple App Store)

Immer häufiger verbreitet sich das Gerücht, dass Facebook in Deutschland kurz vor dem Aussterben sei. Doch stimmt das überhaupt?

Lassen Sie uns zunächst die Entwicklung der Nutzer auf Facebook weltweit betrachten.

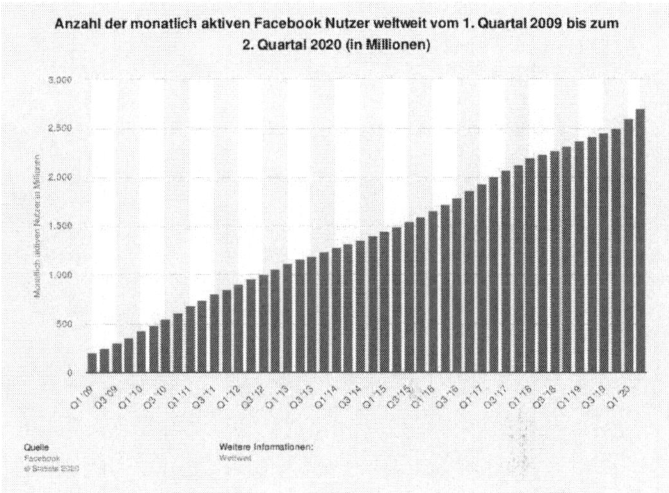

Statistik 1: Anzahl monatlicher Nutzer weltweit

(Quelle: Statista.de)

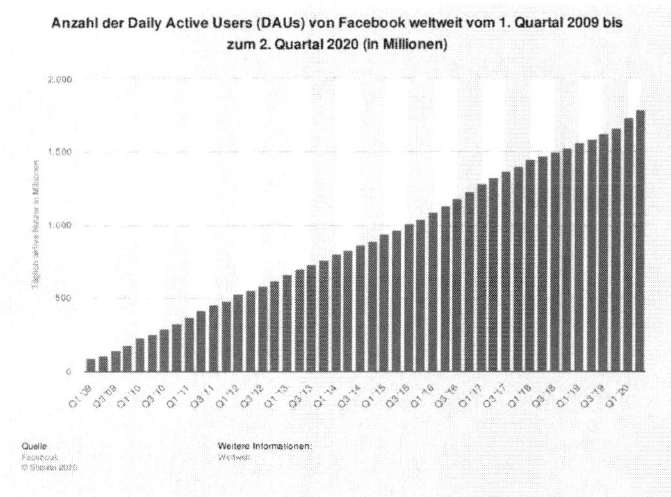

Statistik 2: Anzahl täglicher Nutzer weltweit

(Quelle. Statista.de)

Wie Sie Statistik 1 entnehmen können, steigen die monatlichen Nutzerzahlen weltweit ununterbrochen an. Genau das gleiche gilt für die täglich aktiven Nutzer auf Facebook weltweit (siehe Statistik 2).

Das liegt unter anderem daran, dass Facebook in immer mehr Ländern präsent ist. Das gilt vor allem für asiatische und afrikanische Länder. Zudem ist Facebook auch in westlichen Ländern, wie den USA, ein wesentlicher Bestandteil jedes Menschen und die Plattform verliert nicht an Aktualität und Wichtigkeit als soziales Netzwerk.

Etwas anders verhält es sich in Deutschland. Es ist ein

leichter Rückgang von monatlichen Nutzerzahlen bemerkbar und bis 2023 prognostiziert (siehe Statistik 3). Allerdings handelt es sich um einen minimalen Rückgang von 1%. Ein Rückgang ist vor allem bei jüngeren Nutzern (16 bis 19 Jahren) zu verzeichnen. Eine detaillierte Aufschlüsselung der Verteilung der Nutzer von Facebook nach der Altersgruppe erfolgt in einem der nächsten Kapitel.

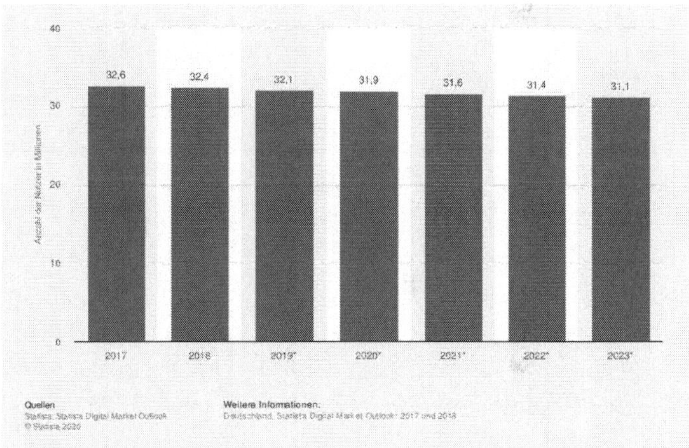

Statistik 3: Anzahl monatlicher Facebooknutzer in Deutschland in Mio. (2018 bis 2023)

(Quelle: Statista.de)

Zwar wird prognostiziert, dass die absolute Zahl der monatlichen Nutzer in Deutschland sich weiterhin reduzieren wird, allerdings wird diese immer noch über 31,1 Mio. monatlichen Nutzern liegen. Somit besteht kein Grund zur Sorge. Facebook ist eine essentielle Plattform für Online Marketing. Sowohl heute als auch in naher Zukunft. Von den aktuell 32 Mio. monatlichen Nutzern in Deutschland loggen sich 75 % der Nutzer (24 Mio.) täglich ein. Wichtig anzumerken: 95 % der täglichen Nutzer verwenden Facebook auf ihrem Smartphone.

Aus Sicht deutscher Unternehmen und Selbstständigen ist neben dem deutschen Markt ebenfalls der Markt in der Schweiz und in Österreich interessant. Vor allem für Anbieter von digitalen Produkten und Dienstleistungen. In den beiden Märkten kann nämlich ohne Probleme ebenfalls deutschsprachige Werbung ausgestrahlt werden.

In Österreich nutzen 3,9 Mio. Nutzer Facebook auf monatlicher Basis. Täglich loggen sich 3 Mio. Menschen ein. Davon sind 2,8 Mio. (93 %) mobile Nutzer.

Die Schweiz hat 3,8 Mio. monatliche Facebooknutzer zu verzeichnen. 2,9 Mio. Menschen loggen sich täglich ein. Davon entfallen 2,7 Mio. (93%) Menschen auf die mobile Nutzung.

Welche Zielgruppe erreichen Sie über Facebook?

Wie bereits im Kapitel zuvor erwähnt, ist die Anzahl jüngerer Nutzer auf Facebook rückläufig. Dieses Phänomen ist vor allem bei Nutzern zwischen 16 bis 19 Jahren zu beobachten. Ein minimaler Effekt ist dabei bei der Altersgruppe der 20- bis 29-Jährigen zu sehen. Mehr Nutzer wurden es relativ gesehen bei den über 30-Jährigen.

Altersgruppe	2014	2020
16 - 19 Jahre	23 %	10 %
20 - 29 Jahre	22 %	21 %
30 - 39 Jahre	18 %	21 %
40 - 49 Jahre	14 %	18 %
50 - 59 Jahre	12 %	17 %
über 60 Jahre	11 %	13 %

Die Flucht der jüngsten Altersgruppe liegt vor allem an der Zunahme alternativer Social Media Plattformen wie Instagram, Snapchat oder TikTok. Diese sind nämlich mehr auf Entertainment ausgerichtet als die Social Media Plattform Facebook.

Ist das nun negativ für uns als Unternehmen, Unternehmer oder Selbstständige?

Keineswegs. Auch wenn Ihre Zielgruppe jünger ist – sind trotzdem mehr als genügend Nutzer auf der Plattform zur Interaktion vorhanden.

Dieser Trend ist sogar durchaus positiv zu betrachten. Denn jüngere Menschen sind nicht so kaufkräftig wie ältere Personen, die sich bereits im Berufsleben befinden. Somit stellt Facebook eine hervorragende Plattform dar, um im Vergleich zu anderen Social Media Plattformen wie Instagram, Snapchat oder TikTok an kaufkräftige Interessenten und zahlende Kunden zu kommen.

Für wen genau ist Facebook als Marketingplattform geeignet?

Für Unternehmen, Unternehmer und Selbstständige sollte Facebook eine der wichtigsten Plattformen für die Vermarktung der Produkte oder Dienstleistungen sein. Unabhängig davon ob es sich um ein B2B oder B2C Angebot handelt.

Im B2C-Bereich können Privatkunden können durch organische und bezahlte Marketingmaßnahmen erreicht werden.

Neben vielen privaten Nutzern sind ebenfalls immer mehr Unternehmen, Unternehmer und Selbstständige auf Facebook aktiv. Somit wird die Vermarktung Ihres B2B-Angebotes genauso funktionieren. Geschäftliche Kunden können am besten neben organischen und bezahlten Marketingmethoden ebenfalls durch Kaltakquise angesprochen werden.

Die drei unterschiedlichen Methoden werden in Kapitel 2 dieses Ratgebers behandelt.

Das können Sie von Facebook Marketing erwarten

Für Sie als Unternehmer oder Selbstständiger sind Kunden der wichtigste Bestandteil Ihres Business. Ohne Kunden werden Sie nichts verdienen. Genau das Problem können Sie effektiv und effizient mit Facebook Marketing angehen. Neukundengenerierung war noch nie so einfach als heute in Zeiten von Social Media. Genauso werden Sie durch Ihren Social Media Auftritt Kunden langfristig an Sie binden. Dafür müssen Sie natürlich regelmäßig mit Ihren Kunden über Social Media in Verbindung bleiben und den Kunden und Nutzern einen Mehrwert liefern, damit diese ununterbrochen Ihre Beiträge verfolgen. Wie Ihnen das geling erfahren Sie im Detail in den nächsten Kapiteln.

Mit einer ausgebauten Social Media Reichweite öffnen sich Ihnen zudem weitere Einnahmemöglichkeiten. Neben Werbeeinnahmen durch Produkt Sponsorings können Sie ebenfalls Affiliate Marketing betreiben. Sie können für Ihre Kunden relevanten Produkte durch das Amazon Partnerprogramm bewerben ohne dabei primär Ihren unternehmerischen Fokus daraufzulegen.

Genauso erlaubt Ihnen eine Bekanntheit in sozialen Medien einen leichteren Zugang zu neuen Kooperationspartnern. Und wie Sie bekanntlich wissen, sind Beziehungen und Kooperationen der Schlüssel zum

Erfolg im Business.

Da Sie auf jeden Fall durch Facebook Marketing Ihre Einnahmen skalieren werden, ist es nicht auszuschließen, dass Sie neue Mitarbeiter akquirieren werden müssen. Mit Facebook können Sie nämlich genauso leicht neue Mitarbeiter für Ihr Unternehmen dazugewinnen. Mit Ihrer steigenden Bekanntheit, werden Sie ebenfalls attraktiver als Arbeitgeber gesehen.

Diese Kennzahlen sollten Sie kennen, um Erfolg zu haben

Auf die folgenden Kennzahlen sollten Sie beide Augen für einen effizienten und effektiven Ausbau der Reichweite und Neukundengenerierung richten.

Freunde (bei privatem Profil) / Abonnenten (bei einer Unternehmensseite)

Hierbei handelt es sich um die Anzahl der Nutzer, mit denen Sie mit Ihrem privaten Account befreundet sind oder Anzahl der Nutzer die Ihre Seite´geliked und somit abonniert haben. Das heißt, wenn Sie mit 1.000 Nutzer befreundet sind bzw. 1.000 Nutzer Ihre Seite geliked haben, können Sie potentiell 1.000 Nutzer mit Ihren Beiträgen erreichen. Wichtig: Nur weil Sie mit jemandem befreundet sind bzw. jemand Ihre Seite geliked hat, heißt es nicht zwangsläufig, dass jeder dieser Nutzer Ihre Beiträge sehen wird. Wer Ihre Beiträge sehen wird, hängt mit dem Facebook-Algorithmus zusammen. Der Algorithmus bewertet automatisch die Relevanz Ihrer Beiträge für jeden Nutzer und strahlt dementsprechend Ihren Beitrag weiter oben oder eben weiter unten im Feed von dem Nutzer.

Die Relevanz wird unter anderem anhand folgender Faktoren bewertet:

Faktoren, die Sie beeinflussen können:

- ✓ **Aktualität** Ihres Beitrags: wann haben Sie Ihn gepostet? Aktuellere Beiträge werden den Nutzern in der Regel weiter oben angezeigt, als ältere Beiträge. Deshalb achten Sie darauf, dass Sie regelmäßig neue Beiträge veröffentlichen.

- ✓ Thematische Übereinstimmung Ihres Beitrags mit den überwiegenden **Interessen** des Nutzers. Wenn ein Nutzer (thematisch betrachtet) 50 verschiedenen Facebook-Seiten zum Thema Sport folgt und Ihre Seite, die einzige zum Thema Aktien ist, dann werden dem Nutzer eher Sportinhalte angezeigt. Diesen Faktor können Sie auf zwei Arten beeinflussen. Zum einen richten Sie Ihren Inhalt so spezifisch aus, dass Ihnen Personen folgen, die sich wirklich für das Thema interessieren. Zum anderen analysieren Sie durch z. B. Facebook Insights Ihre Abonnenten und veröffentlichen Sie für die Zielgruppe relevanten Inhalte.

- ✓ **Historische Interaktion eines** bestimmten **Nutzers** mit Ihren Beiträgen. Wenn ein Nutzer Ihre vorherigen Beiträge geliked hat oder auf eine andere Weise mit den Beiträgen interagiert hat, dann werden ihm in Zukunft weitere Beiträge von Ihnen angezeigt werden. Deshalb stellen Sie sicher, dass Sie durch einen Call-to-

Action (=CTA // Handlungsaufruf) die Nutzer dazu bewegen, mit Ihren Beiträgen zu interagieren.

- ✓ **Historische Interaktion aller Nutzer** mit Ihren Beiträgen. Genauso bezieht Facebook das gesamte Interesse der Nutzer an Ihren Beiträgen. Deshalb sorgen Sie dafür, dass Ihre Mitarbeiter oder Kooperationspartner Ihre Beiträge fleißig liken und kommentieren. Das erhöht die Relevanz Ihrer Beiträge ebenfalls bei anderen Nutzern.

Faktoren, die Sie nicht beeinflussen können:

- ✓ **Nutzungsdauer** der Plattform durch einen User. Wenn ein Nutzer nur 2 min online ist, dann ist die Wahrscheinlichkeit dementsprechend gering, dass er sich Ihren Beitrag ansieht. Außer Sie schaffen es den Nutzer an Ihre Inhalte zu binden. Das besprechen wir in den nächsten Kapiteln.

- ✓ **Nutzungsfrequenz** der Plattform durch einen User. Wenn ein Nutzer nur einmal im Monat Facebook aufruft, ist die Wahrscheinlichkeit geringer, dass es mit Ihren Beiträgen konfrontiert wird.

- ✓ **Anzahl der Freunde und Anzahl der abonnierten Seiten** eines Nutzers. Je mehr

Freunde ein Nutzer hat und je mehr Seiten er abonniert hat, desto geringer ist die Wahrscheinlichkeit, dass Ihr Beitrag weiter oben in Feed des Nutzers erscheint.

✓ **Anzahl Mitgliedschaften in Gruppen** Was Gruppen sind und wie du diese zu deinem Vorteil nutzen kannst, erfährst du im weiteren Verlauf des Buches. Für das Ranking gilt hier aber das gleiche Prinzip aus dem letzten Punkt.

Likes

Likes ist ein Parameter, der anzeigt, wie vielen Nutzern Ihr Beitrag gefällt und sie den Like-Button gedrückt haben. Likes sind neben den Kommentaren für Facebook die wesentliche Größe, um zu bestimmen wie populär ein Beitrag ist und fließt in die Kennzahl „Interaktion" hinein. Je nach Anzahl und der Dauer in welcher Likes eintreffen, bewertet der Algorithmus Ihren Beitrag und stuft ihn diesbezüglich ein. Dieser Algorithmus entscheidet darüber, ob und bei wem der Beitrag von Ihren Freunden bzw. Abonnenten Ihrer Seite angezeigt werden. Achten Sie somit darauf, dass Sie durch einen Call-to-Action zur Betätigung des Like-Buttons aufrufen.

Kommentare

Kommentare dienen zur gegenseitigen Interaktion zwischen Nutzern und dem Beitragsverfasser unter einem Beitrag. Je höher die Anzahl der Kommentare, desto höher ist somit die Interaktion deiner Follower und anderer Nutzer mit deinem Inhalt. Das führt dazu, dass der Algorithmus deinen Beitrag weiteren Nutzern anzeigt, da der Inhalt interessant erscheint. Das heißt: Halte die Interaktion unter deinen Beiträgen so hoch wie möglich, damit Facebook deinen Beitrag weiteren Nutzern anzeigt. Achte darauf, dass du ebenfalls auf die Kommentare unter deinem Beitrag durch Antwort-Kommentare eingehst. Das erhöht nochmals die Interaktion.

Erreichte Personen (bei einer Unternehmensseite)

Die Kennzahl „erreichte Personen" gibt die Anzahl der Personen an, die mit einem Beitrag erreicht wurden. Das heißt, wenn 1.000 Nutzer das Bild 3-mal gesehen haben, beläuft sich die Anzahl erreichter Personen trotzdem auf 1.000 Nutzer. Das ist ein guter Indikator, um festzustellen, wie relevant der Algorithmus Ihren Beitrag für Ihre Abonnenten einstuft. Diese Statistik ist nur für Betreiber einer (Unternehmens-) Seite einsehbar.

Impressionen (bei einer Unternehmensseite)

Die Anzahl der Impressionen sagt aus, wie oft Ihr Beitrag insgesamt angesehen wurde. Das heißt, wenn 1.000 Nutzer das Bild 3-mal gesehen haben, dann beläuft sich die Anzahl der Impressionen auf 3.000. Sie könnten sich jetzt fragen: welchen Vorteil bringt es, wenn eine Person mehrmals in der Statistik berücksichtigt wird? Im Marketing geht man davon aus, dass eine Person bis zu 8 Kontakte benötigen kann, bis sie mit der Werbung interagiert. Deshalb ist nicht nur entscheidend, wie viele Personen erreicht werden, sondern wie oft die Anzeige insgesamt gesehen wird. Zusätzlich können Sie über dieses Kriterium wiederum auf die Relevanzeinstufung Ihres Beitrags vom Facebook-Algorithmus schließen. Diese Statistik ist nur für Betreiber einer (Unternehmens-) Seite einsehbar.

Interaktion (bei einer Unternehmensseite)

Unter der Kennzahl "Interaktion" werden alle Handlungen des Nutzers zusammengefasst, die er bei Ihrem Beitrag ausführt:

- ✓ Likes
- ✓ Kommentare
- ✓ Wie oft der Beitrag geteilt wurde
- ✓ Weitergehende Interaktion mit dem Inhalt. Bei Links im Beitrag: Anzahl, wie oft der Link angeklickt wurde

Kapitel 2: Wenn Sie diese Grundlagen beachten, dann ist der Erfolg mit Facebook Marketing vorprogrammiert

Bevor Sie mit dem Aufbau Ihrer Reichweite und der Neukundengenerierung beginnen sollten, rate ich Ihnen einige Grundlagen zu verinnerlichen. Damit das Marketing mit Facebook erfolgreich funktioniert, bedarf es eben mehr als nur dem Verständnis für den Algorithmus oder dem perfekten Verkaufstext bei Ihren Beiträgen.

Positionierung – das A&O für Ihren (Marketing-) Erfolg

Die folgenden Punkte sollten Sie ausarbeiten, bevor Sie mit Marketing auf Social Media und insbesondere Facebook beginnen.

Wer ist Ihre Zielgruppe?

Da Marketing nichts anderes ist, als zielgerichtete Kommunikation, sollten Sie wissen wer genau Ihre Wunsch-Zielgruppe ist. Danach sollten Sie verstehen:

welche Sprache spricht sie, welche Interessen, Probleme Wünsche hat sie, welche Werte verfolgt sie. Wenn Sie diese Dinge sauber ausarbeiten, dann wird später beim Marketing alles viel einfacher ablaufen.

In welcher Nische sind Sie tätig?

Sie müssen Ihre Nische klar definieren. Ich rate Ihnen davon ab, ein Generalist zu sein, außer wenn Sie bereits eine hohe Markenbekanntheit haben und sich weitere Geschäftsgebiete aneignen. Ansonsten sollten Sie sich scharf positionieren und für eine konkrete Sache stehen.

Zum Beispiel:

1.) Sind Sie einfach nur ein Friseur? Oder ein Premium-Friseur nur für Frauen?

Was denken Sie, zu welchem Friseur wird eine Frau eher hingehen?

2.) Sind Sie eine Marketingagentur? Oder sind Sie eine Marketingagentur für Rechtsanwälte?

Ich denke der Unterschied ist Ihnen klar.

Was ist Ihr konkretes Angebot?

Wenn Sie am Anfang stehen, dann sollten Sie lieber ein überschaubares Angebot anbieten und dieses dafür richtig gut umsetzen. Das bietet Ihnen auch eine einfachere Möglichkeit, Ihr Unternehmen und Ihr Angebot zu vermarkten. Sie können nämlich Ihren ganzen Fokus auf das eine Produkt (bzw. eine Produktgruppe) oder die eine Dienstleistung legen. So ist es für einen Interessenten ebenfalls einfacher zu verstehen, wie Sie ihm konkret helfen können.

Welches Problem lösen Sie für Ihren Kunden bzw. welche konkreten Vorteile bieten Sie Ihrem Kunden?

Ein Interessent wird zu Kunden, wenn Sie sein Problem bestmöglich lösen. Deshalb machen Sie sich bewusst, welche Probleme Ihre Zielgruppe hat und wie Sie mit Ihrem Produkt das Problem lösen. Wenn Sie das Problem herausgearbeitet haben, dann sollten Sie glasklare Vorteile dem Kunden nennen können, die er durch Ihr Angebot erlangen wird.

Kennen Sie Ihre Konkurrenz?

Damit Sie sich einen Marktanteil erobern können, müssen Sie aus Sicht des Interessenten etwas besser machen als Ihre Konkurrenz. Also welche Vorteile kriegt der Kunde, die Ihre Konkurrenz nicht bieten kann? Im Englischen nennt man das auch den USP (=Unique-

Selling-Point).

Der USP kann sich entweder auf die Vorteile Ihres Angebots beziehen, aber auch auf jeden anderen Punkt, den Sie besser mach als Ihre Konkurrenz und der Kunde das bewusst oder auch unbewusst wahrnimmt. Als Beispiel wäre hier die Professionalität Ihres Online-Auftritts in Form Ihrer Website zu nennen. Das schafft beim Kunden nämlich ein Gefühl von Sicherheit und bewegt ihn dazu eher bei Ihnen einzukaufen als bei Ihrer Konkurrenz.

Somit stellen Sie sicher, dass Sie dem Kunden so viele USPs wie möglich bieten können.

Wenn Sie bei einem der Punkte nicht direkt eine Antwort wussten, dann empfehle ich Ihnen sich nochmals Gedanken zu diesen Punkten zu machen. Wenn das Fundament nicht stimmt, dann bricht das Haus am Ende des Tages trotzdem zusammen. Deshalb nehmen Sie sich die Zeit dafür.

So sollte Ihr Marketing-Funnel für viele loyale Kunden aufgebaut sein

Was ist genau ein Marketing-Funnel?

Übersetzt bedeutet „Marketing-Funnel": Marketing-Trichter. Bei diesem Trichter durchläuft ein Interessent einen gewünschten Marketing- und Verkaufsprozess, damit er als Interessent später zu einem zahlenden und loyalen Kunden wird. Um so viele Interessenten und vor allem die passenden Interessenten zu Kunden umzuwandeln, benötigen Sie einen Marketing-Funnel, der von A bis Z durchdacht ist.

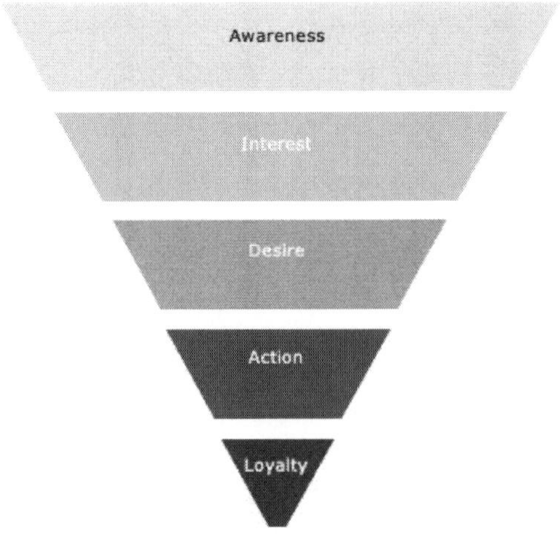

Marketing-Funnel

Betrachten wir zunächst den Trichter an sich. Oben ist der Trichter ziemlich breit und wird nach unten hin immer enger.

Am Anfang jedes Marketing-Funnels herrscht beim Interessenten noch kein Bewusstsein zu Ihrem Unternehmen oder zu Ihrem Angebot vor. Der Interessent kommt also zum ersten Mal mit Ihrem Unternehmen bzw. Ihrem Angebot in Kontakt. Sein Wissenstand bzgl. der Vorteile des Produktes ist ihm unbekannt. Die Unsicherheit bzgl. dem Produkt oder dem Unternehmen ist noch ziemlich hoch. An diesem Punkt wäre der Interessent noch nicht bereit einen Kauf abzuschließen. Aus diesem Grund muss der Kunde einen Marketing- und Verkaufsprozess durchlaufen, um mit vollster Sicherheit und vollem Verständnis dem Kauf zuzustimmen. Am Ende des Trichters wird der Interessent zum Kunden, der im besten Fall eine lange Customer Journey mit Ihrem Unternehmen durchlebt. Es ist zudem ganz normal, dass bei jeder weiteren Stufe des Trichters, immer weniger Interessenten für einen Kauf vorhanden sind. Zum einen holen Sie sich durch einen breiten Trichter Interessenten, die wahrscheinlich nicht zu 100% das Problem haben, das durch das Produkt oder die Dienstleistung gelöst wird. Zum anderen wollen Sie aus Ihrer Sicht nicht mit jedem potentiellen Kunden zusammenarbeiten. Im besten Fall holen Sie nur Kunden ins Boot, die Ihnen wenig Ärger verursachen werden. Hier gilt, wie übrigens bei jeder unternehmerischen Tätigkeit, das Pareto 80/20 Prinzip. Wenn es sich vor allem um eine Dienstleistung als Produkt handelt, sollten Sie darauf achten nicht um jeden Preis jedem die Dienstleistung zu verkaufen. Es ist nämlich Ihre Zeit, die Sie in den Kunden und sein Ergebnis investieren. Deshalb sollten Sie stark filtern.

Jeder Marketing-Funnel funktioniert nach einem ähnlichen Prinzip. Sie möchten den Kunden nach und nach mit jedem Schritt so vertraut und informiert wie möglich machen, damit dieser einen Kauf abschließt. Um den Prozess einfacher zu verstehen, eignet sich die **AIDA(L) – Formel**.

A für Awareness

Die erste Stufe eines Marketing-Funnels beginnt mit der Erzeugung von Bewusstsein beim potentiellen Kunden für Ihr Unternehmen und Ihr Angebot. In anderen Worten: Sie und Ihr Angebot müssen sichtbar werden. Wenn Sie keiner kennt – wie wollen Sie neue Kunden generieren – klingt logisch, richtig? Doch sehr viele Unternehmen, vor allem in Deutschland, begehen den Fehler und vernachlässigen Ihre Marketing-Aufwendungen. Das Motto lautet: „Das Produkt ist sehr gut – dafür müssen wir keine Werbung schalten. Die Kunden werden von alleine kommen." Und das ist der Grund warum viele Unternehmen, vor allem im digitalen Zeitalter, immer mehr in Vergessenheit geraten werden bis sie irgendwann komplett von der Bildfläche verschwinden werden.

Für die Sichtbarkeit Ihres Unternehmens im Online-Bereich eignen sich neben Facebook auch weitere Plattformen wie Instagram, Google, Youtube usw. an. Bei allen Online-Plattformen können Sie diese Aufmerksamkeit durch organische Reichweite, Kaltakquise oder bezahlte Werbung kreieren. Alle drei Fälle werden wir im nächsten Kapitel betrachten.

I für Interest

Nachdem sie im ersten Schritt Sichtbarkeit durch eine der Methoden erlangt haben, müssen Sie das Interesse beim Interessenten für Ihr Produkt und Ihr Unternehmen erwecken. Dieser Schritt besteht vor allem aus der glasklaren Kommunikation des Problems, das Sie lösen wollen und eine verkaufstechnisch attraktive Präsentation Ihres Angebotes und Ihres Unternehmens. Passen beide Punkte, wird das Interesse des Kunden geweckt werden, sodass er sich für den nächsten Schritt entscheidet.

Dieser Schritt beginnt beim passenden Beitragsbild und dem Beitragstext. Wenn Sie hier Interesse erwecken können, wird der Interessent der Anweisung folgen und sich weiter für das Produkt informieren wollen.

D für Desire

Nachdem das Interesse erweckt wurde, muss ein Verlangen beim Interessenten erzeugt werden, damit dieser überzeugt ist, dass Ihr Produkt und Ihr Unternehmen die richtige Wahl für die Lösung seines Problems ist. Hier müssen dir richtigen Informationen in der richtigen Reihenfolge dem Kunden vorgelegt werden, damit er alle seine bestehenden Unsicherheiten beseitigen kann.

Das kann eine Landing-Page sein, die Ihr Angebot und Ihr Unternehmen präsentiert und dem Kunden die Möglichkeit für eine kostenlose Beratung anbietet.

Ein anderes Beispiel wäre die Durchführung eines Webinars. Das eignet sich vor allem bei erklärungsbedürftigen Produkten.

Wenn Sie einen Onlineshop betreiben, dann können Sie direkt auf das Produkt in Ihrem Onlineshop verlinken, das Sie in Ihrem Beitrag bewerben.

Die zweite und dritte Phase (Interest und Desire) können je nach Kunden unterschiedlich lang ausfallen.

Wichtig hier festzuhalten: Nicht jeder Interessent wird von heute auf morgen Ihr Produkt kaufen wollen. Wie schnell Sie einen Interessenten zu einem zahlenden Kunden machen können, hängt von direkten und indirekten Faktoren ab.

Direkte Faktoren sind von Ihnen als Marktingbetreiber

beeinflussbar. Indirekte Faktoren können Sie nicht beeinflussen.

Zu den **direkten Faktoren** zählen:

- ✓ Die Professionalität und Seriosität Ihres Online-Auftritts.
- ✓ Eine für den Kunden verständliche Kommunikation der wesentlichen Inhalte (vor allem des Problems, das sie lösen wollen und wie Sie das Problem mit Ihrem Angebot lösen können)
- ✓ Verkaufstechnisch abgestimmte Präsentation der Inhalte. (z. B. sollte die Präsentation Emotionen auslösen, dem Kunden eine Geschichte verkaufen, Knappheit und „Zeitdruck" auslösen.)
- ✓ Social Proof aufweisen. Dafür eignen sich am besten positive Rezensionen von zufriedenen Kunden, Case Studies oder Testimonial-Vorstellungen.

Zu den **indirekten Faktoren** zählen:

- ✓ Die Kaufschwelle des Kunden. Bei manchen Kunden ist die Kaufschwelle sehr gering. Sie kaufen auch, wenn nicht alle Unsicherheiten beseitigt sind. Auf der anderen Seite gibt es ebenso Kunden, die eine sehr hohe Kaufschwelle haben. Diese werden sich so lange nicht für einen Kauf entscheiden, bis sie sich zu hundert Prozent sicher sind, dass Ihr Produkt das absolut Richtige für Sie ist.

- ✓ Dringlichkeit zur Beseitigung des Problems bzw. die Stärke des Schmerzes, der durch das Problem ausgelöst wird. Wenn der Kunde eine Lösung sofort benötigt, wird er eher dazu geneigt sein, das erste Angebot zu nutzen, um den Schmerz zu beseitigen. Anders verläuft der Kaufprozess, wenn das Problem beim Kunden zwar vorherrscht, der Schmerz aber noch nicht stark genug für einen Kauf vorliegt.
- ✓ Vorhandene Konkurrenz in Ihrer Nische. Wenn der Kunde verschiedene potentielle Anbieter für die Lösung im Visier hat, wird er sich unter Umständen erstmal zu allen Anbietern informieren und erst danach eine Kaufentscheidung treffen.

Somit kann die Interest bzw. die Desire Phase sich kürzer oder auch länger hinziehen. Für diesen Zweck ist es essentiell diesen potentiellen Kunden in Ihrem Funnel beizubehalten. Das ist zum Beispiel durch effizientes Retargeting auf verschiedenen Plattformen (Facebook, Instagram, Youtube, Google...) oder eine aktive organische Social Media-Präsenz möglich. Somit sollten sie auf jeden Fall nicht nur auf bezahlte Werbung, sondern auch auf den Ausbau Ihrer Social Media-Präsenz setzen.

A für Action

Abhängig von der Kaufschwelle jedes Kunden, entscheidet sich ein Interessent früher oder später für Ihr Angebot. Natürlich nur wenn Ihr Markeitng-Funnel perfekt auf den Kunden ausgerichtet ist.

Generelle Tipps, um die Kaufentscheidung früher hervorzurufen ist es:

- ✓ So oft wie möglich (am besten immer) zu einem Handlungsaufruf unter Ihren Posts usw. aufrufen. So „dumm" wie es klingen mag, aber ein Mensch ist eher zu einer Handlung geneigt, wenn er eine konkrete Anweisung dafür erhält. Es liegt in unserem Unterbewusstsein. Wir Menschen brauchen einen Schubs.
- ✓ Halten Sie den Schmerz des Kunden präsent und intensivieren Sie ihn nach Möglichkeit. Es ist eminent, dass Sie in Ihren Social Media Ansprachen stets den Schmerz ansprechen, den Sie mit Ihrem Angebot lösen wollen. Das manifestiert den Schmerz im Unterbewusstsein des Kunden und bringt ihn immer wieder hervor. Um den Schmerz zu intensivieren, können Sie

Geschichten und plausible Darlegungen der negativen Zukunft aufzeigen. Andersherum können Sie die positive Zukunft ausmalen, die ein potentieller Kunde nach Ihrem Produkt erhalten wird. Es ist wichtig, dass Sie den potentiellen Kunden auf der emotionalen Ebene triggern!

✓ Schaffen Sie Vertrauen beim Kunden durch positive Kundenrezensionen oder Testimonial-Studies. Nichts schafft mehr Vertrauen als Social Proof und die Bestätigung über das Wirken Ihres Produktes oder Ihrer Dienstleistung. Hier gilt das Motto: Je mehr desto besser. Man kann nie genug positive Rezensionen präsentieren. Auf der anderen Seite sollten Sie alles dafür tun um negative Rezensionen zu verhindern. Eine negative Meinung bewirkt das Vielfache einer positiven Bewertung. Stellen Sie also sicher, dass Sie auf jeden Fall das einhalten, was Sie in Ihren Marketingkampagnen versprechen. So werden Kunden nach dem Kauf nicht enttäuscht werden. Um positive Bewertungen zu erhalten müssen Sie die Kunden ebenfalls darauf ansprechen. Darauf zu warten und es zu hoffen reicht nicht! Sie können ebenfalls Rezensionen incentivieren. Dabei meine ich nicht, dass Sie Fake-Rezensionen erwerben sollen. Bitte unter keinen Umständen durchführen! Sondern dem Kunden ein Gratis-Geschenk mitgeben, damit dieser eine **ehrliche Bewertung** zu seiner Erfahrung abgibt. Hier ist es wichtig festzuhalten: Sie dürfen den Kunden nicht zu einer positiven Rezension zwingen. Das ist verboten. Ihn aber um seine erhliche Meinung zu bieten, wenn ihm das Produkt gefallen hat, ist in Ordnung. (Lassen Sie sich bei Zweifeln rechtlich beraten). Sammeln Sie diese Rezensionen an einem Ort, um diese gezielt in Ihrem Marketing-Funnel einzubauen. Sie können dafür z. b. die Plattformen „ProvenExpert" oder „TrustPilot" nutzen. Die beiden Plattformen lassen sich ohne großen Aufwand auf Ihrer Website oder Landing-Page verankern.

L für Loyalty

Nachdem Sie einen Neukunden erfolgreich gewinnen konnten, sollten Sie ihn nicht komplett vergessen. Einen neuen Kunden zu akquirieren kostet wesentlich mehr Geld und Energie als einem bestehenden (und auf jeden Fall zufriedenen) Kunden ein weiteres Produkt zu verkaufen. Dieser ist nämlich mit Ihnen bereits vertraut, sodass die Kaufschwelle bei einem positiven Ergebnis sehr viel niedriger ist. Deshalb sorgen Sie dafür, dass Ihr Kunde nach dem Kauf auf jeden Fall Ihrem sozialen

Netzwerk erhalten bleibt. Rufen Sie ihn auf, Ihnen auf allen sozialen Netzwerken zu folgen. Informieren Sie den Kunden zudem stets über neue Angebote bzw. weitere Angebote, die ihm bei seinem Problem weiterhelfen können.

Meistern Sie diese eine Sache und vervielfachen Sie so den Erfolg Ihrer Werbung

Ihre Werbung kann auch so gut sein und Ihnen unendlich viele Kundenanfragen generieren. Wenn Sie am Ende des Tages die Kundenanfragen nicht in zahlbereite Kunden umwandeln, werden sich Ihre Marketingmaßnahmen nicht rentieren. Sie werden also einfach Geld verbrennen. Deshalb stellen Sie sicher, dass Sie nicht nur Ihre Marketingfähigkeiten mit diesem Buch ausweiten, sondern auch Verkaufen meistern.

Leider zählt Verkaufen in unserer deutschen Kultur nicht zu den besten Tugenden. Verständlich: 95 % der Verkäufer können nicht richtig Verkaufen. Ohne überhaupt das Kundenproblem zu verstehen, wird einem nahezu überall versucht irgendwas „anzudrehen". Heben Sie sich bei diesem Punkt ab.

Lernen Sie die Probleme Ihrer Kunden kennen und richten Sie Ihr Angebot an diesen Punkten aus. Solange das Problem des Kunden durch Ihr Produkt oder Ihre Dienstleistung gelöst wird, sollten Sie alles Mögliche dafür tun, um den Kunden von Ihrem Angebot zu überzeugen. Oder wollen Sie etwas, dass der Schmerz des Kunden weiterhin bestehen bleibt bis ein Konkurrent dem Kunden sein Produkt verkauft? Das sollten Sie um jeden Preis vermeiden. Deshalb investieren Sie ebenfalls in Verkaufsfähigkeiten!

Wenn Sie Verkaufen meistern, dann werden Sie feststellen, dass die Rentabilität Ihrer Werbung um das Vielfache zunehmen wird.

Kapitel 3: Mit dieser Strategie schaffen Sie es mit Facebook organisch Neukunden zu generieren.

So machen Sie sich und Ihr Unternehmen startklar für Facebook Marketing

Bevor Sie mit Facebook Marketing durchstarten können, müssen wir eine Ersteinrichtung bei Facebook vornehmen.

Persönliches Profil vs. (Unternehmens-) Seite

Unabhängig davon, ob Sie eine Personenmarke oder eine Corporate Brand aufbauen, benötigen Sie mindestens ein persönliches Profil und eine Unternehmensseite für Ihr Unternehmen auf Facebook. Beide Profile sind nämlich essentiell für das perfekte Facebook Marketing.

Wofür benötigen Sie nun beide Accounts? Das klären wir in den nächsten Abschnitten dieses Kapitels.

Wofür benötigen Sie ein persönliches Profil?

Bei einem persönlichen Facebookprofil handelt es sich um einen Account, der Ihre persönliche und wahre Identität verkörpert. Somit werden Sie zu einem ganz normalen privaten Facebooknutzer. Sie haben die Möglichkeit, Freundesanfragen zu versenden und mit anderen Personen per Facebook Messenger zu interagieren.

Sie benötigen ein persönliches Profil, da Sie sonst keine (Unternehmens-) Seite kreieren können. Zudem bietet ein persönliches Profil unzählige weitere Vorteile:

- ✓ Einfacher Beitritt zu Facebook-Gruppen
- ✓ Unkomplizierte Kaltakquise
- ✓ Austausch mit Kunden als direkter Repräsentant Ihres Unternehmens
- ✓ Zusätzlicher Ausbau einer Personenmarke, die weitere Türen öffnet.

Ihr persönliches Profil sollte normal wirken, damit es nicht als ein Fake-Account von den Nutzern eingeordnet wird.

Adden Sie Ihre Freunde. Sie brauchen keine tausend Freundschaften. Allerdings sollten Sie einige Freunde haben, um nicht den Stempel: Fake-Account zu bekommen.

Posten Sie 1-2 persönliche Bilder von sich. Natürlich

sollten die Fotos einen professionellen Charakter vermitteln. Als Panoramabild über Ihrem Profilbild könnten Sie Ihr Unternehmenslogo posten. Zudem sollten Sie in der Profilbeschreibung in max. 2-3 Sätzen kurz und prägnant beschreiben, was Ihr Angebot ist und wem Sie helfen können.

Beispiele:

- ✓ Wir vermarkten Immobilien in Stuttgart und Umgebung. Sie wollen eine Immobilie in der Region verkaufen? Schreiben Sie mich an!
- ✓ Wie Sie als Arzt mit Hilfe von Social Media Marketing Ihren Umsatz verdreifachen können. Für detaillierte Informationen schreiben Sie mir eine Nachricht.

Im Steckbrief sollten Sie einige für Ihre Online Präsenz relevante Informationen preisgeben. Zum Beispiel wo und was Sie studiert haben, um Ihren akademischen Grad und Ihre Qualifikation zu bestätigen. Zudem sollten Sie als Arbeitgeber Ihr Unternehmen und Ihre Position in dem Unternehmen angeben. Verlinken Sie dafür die Unternehmensseite in dem Auswahlfeld.

Wofür benötigen Sie die Unternehmensseite?

Mit der Unternehmensseite eröffnen sich für Sie als Personenmarke aber auch für Ihr Unternehmen weitere Türen in Bezug auf das Facebook Marketing aber auch in Bezug auf einen seriösen und professionellen Auftritt.

Behandeln wir zuerst die Vorteile für den Auftritt.

Ein persönliches Profil auf Facebook dient eher dem privaten Austausch auf Facebook. Klar, sollten Sie für die Kaltakquise oder die Gruppenstrategie (folgt im weiteren Verlauf des Buches) auf Ihr persönliches Profil setzen. Allerdings können Sie auf der Unternehmensseite mehr Informationen zu Ihrem Unternehmen preisgeben. Dazu zählt zum Beispiel die Angabe der Geschäftsadresse, der Kontaktdaten und der Öffnungszeiten.

Zudem können Sie unter „Seiteninformationen" mehr über Ihr Unternehmen erzählen, um dem Kunden das Angebot und die daraus resultierenden Vorteile aufzuzeigen. Wie Sie die Seiteninformationen ebenfalls marketing-technisch optimieren können, erfahren Sie im Verlauf dieses Kapitels.

Auf der Seite können Sie Ihre Beiträge komplett auf Ihr Unternehmen und Ihre Produkte ausrichten. Bei Ihrem persönlichen Profil würden Sie unter Umständen die falsche Zielgruppe (nämlich zunächst nur Ihre Freunde) erreichen.

Bezogen auf das Marketingvorhaben ermöglicht Ihnen eine Seite die folgenden Vorteile:

- ✓ Sie verfügen über eine detaillierte Auswertung der wichtigsten Kennzahlen zu Ihren Beiträgen.

(siehe Kapitel 1)

- ✓ Sie können bezahlte Werbung auf Ihre Beiträge schalten. Es besteht nämlich keine Möglichkeit, Beiträge aus dem persönlichen Profil zu bewerben.
- ✓ Sie können einen CTA (Call-to-Action bzw. Handlungsanweisung) Button oben auf Ihrer Website fixieren. Und wie Sie bereits kennengelernt haben, benötigen Menschen stets eine Handlungsanweisung. Das steigert Ihre Anzahl der Kundenanfragen.

Wie richten Sie eine Facebook-Seite ein?

Dafür müssen Sie von Ihrem persönlichen Facebookprofil aus eine Seite erstellen. Am einfachsten richten Sie die Seite am Desktop PC bzw. Laptop ein.

Gehen Sie dafür unter Ihrem persönlichen Profil links auf „Seiten".

Facebook-Seite einrichten

Danach klicken Sie auf „+ Neue Seite erstellen".

Zunächst werden Sie gebeten einen **Seitenamen** zu vergeben. Beachten Sie die folgenden Dinge:

Wenn Sie eine Personenmarke vermarkten möchten, dann empfehle ich Ihnen die Seite einfach nur mit Ihrem Namen zu benennen. Das wird später bei bezahlter Werbung Ihnen den Vorteil bringen, dass die Werbeanzeige viel sympathischer empfunden wird, da es aus Sicht des Interessenten, sich um eine Person und kein Unternehmen handelt, das nur auf Profit aus ist.

Wenn Sie eine Corporate Brand vermarkten, dann geben Sie hier Ihren Unternehmensnamen ein. Sie können zusätzlich noch Ihre zentrale Value Proposition (welches Problem lösen Sie / welchen zentralen Vorteil bringt Ihr Angebot) eingeben. Allerdings ist es nur empfehlenswert, wenn die Value Proposition mit wenigen Worten beschreibbar ist.

Zum Beispiel:

» Autohaus Müller – Ihr Mercedes-Benz Partner in Hamburg

Als nächstes können Sie **Kategorien**, die zu Ihrem Unternehmen am besten passen, aussuchen. Diese Kategorein können Sie später beliebig anpassen. Hier empfiehlt es sich zum einen die Kategorien auszuwählen, die Ihrem Unternehmenszweck entsprechen. Zum anderen sollten Sie die Kategorien SEO optimieren. Das heißt, wählen Sie Begriffe aus, nach denen Interessenten suchen würden, wenn Sie eine Lösung zum Problem benötigen. Wählen Sie auf jeden Fall die maximale Anzahl (3) an Kategorien aus.

Um die Suchhäufigkeit nach einer Kategorie auszuwerten, empfehle ich Ihnen dafür ein SEO-**Keyword –Tool** anzuwenden.

Als kostenloses Tool eignet sich:

https://neilpatel.com/de/ubersuggest/

Wenn Sie sich mit Ihrem Google-Konto einloggen, dann stehen ihnen mehr Suchanfragen pro Tag zur Verfügung.

Als kostenpflichtiges Tool hat sich folgendes etabliert:

https://keywordtool.io/

In der **Beschreibung** sollten Sie in Kürze wiedergeben, welches Problem Sie mit Ihrem Angebot lösen und welche konkreten Vorteile Ihr Angebot liefert. Zudem können Sie weitere Sicherheit bei Interessenten durch die Angebe weiterer Informationen zu Ihrem Unternehmen erzeugen.

Im nächsten Schritt werden Sie nach einem **Profilbild** und einem **Titelbild** gefragt. Beim Profilbild empfehle ich Ihnen bei einer Personenmarke ein Bild von Ihnen zu verwenden. Bei einer Corporate Brand können Sie auf Ihr Unternehmenslogo ausweichen. Das Titelbild sollte wiederum Ihr zentrales Marketingversprechen (z. B. „Wie Sie mit Hilfe von Facebook Marketing Ihren Umsatz als Selbstständiger vervielfachen können") enthalten. Am besten Sie integrieren in das Bild einen Pfeil, der auf den CTA-Button zeigt, um eine Handlung beim Interessenten auszulösen. Zum CTA-Button erhalten Sie in Kürze mehr Informationen.

Nachdem Sie nun erste Informationen auf Ihrer Seite angegeben haben, sollten Sie das **Profil vervollständigen**.

Dafür scrollen Sie am besten runter bis Sie das „**Info**"-Fenster sehen. Bei diesem klicken Sie auf „Seiteninfos bearbeiten".

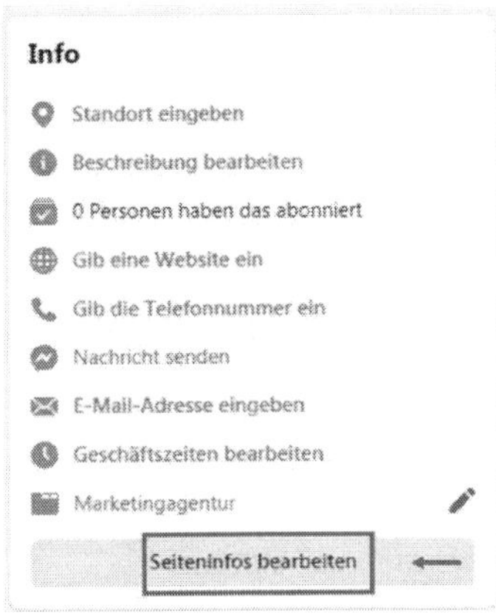

Seiteninfos bearbeiten

Beim Reiter „Kontakt" sollten Sie Ihre Kontaktdaten angeben, damit Interessenten Sie erreichen können. Geben Sie Ihre Telefonnummer, geschäftliche E-Mail-Adresse und wenn verfügbar Ihre Website bzw. Landing Page, auf die Sie potentielle Interessenten in Ihrem Marketing Funnel leiten wollen.

Danach sollten Sie die nächsten beiden Reiter „Standort" und „Öffnungszeiten" befüllen. Eine vollständig befüllte Seite wird vom Facebook Algorithmus nämlich wesentlich höher gelistet.

Als letztes sollten Sie das Impressum auf Ihrer Facebookseite angeben. Ein Impressum ist Pflicht, da Sie sonst Abmahnungen erhalten könnten.

Da der Inhalt des Impressums von der Unternehmensform und des Tätigkeitsbereiches abhängig ist, empfehle ich Ihnen eine Google-Suche und bei Bedarf eine rechtliche Beratung in Anspruch zu nehmen.

Als nächsten Punkt sollten Sie Ihrer Seite einen **Benutzernamen** vergeben. Der Nutzername wird dann von Facebook in der URL übernommen. So sieht Ihr Facebook-Link wesentlich eleganter aus, wenn Sie Ihre Facebookseite an Kunden verschicken möchten. Zudem bietet der Nutzername eine zusätzliche Möglichkeit, um Sie über die Suche zu finden.

Benutzernamen erstellen

Schließlich sollten Sie sich dem **CTA** widmen. Hierbei haben Sie einige Möglichkeiten, die Sie als CTA auswählen können. (siehe folgende Abbildung). Wählen Sie den für Ihren Zweck geeigneten CTA aus.

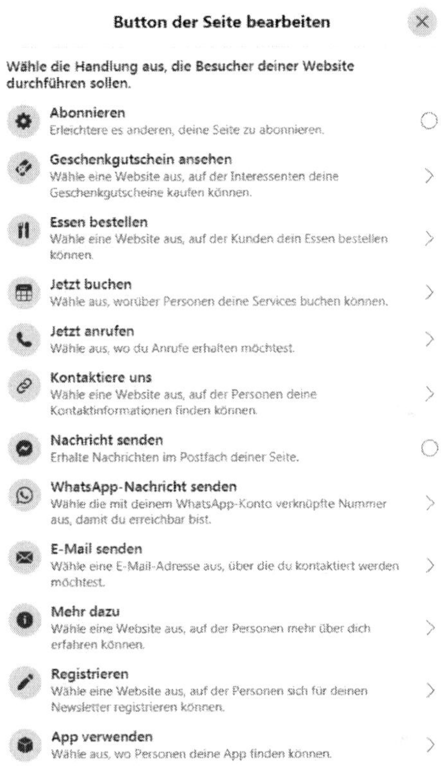

Auswahl der CTA-Button 1 von 2

Auswahl CTA-Button 2 von 2

Wenn Sie noch kein konkretes Produkt anbieten, dann

können Sie „Abonnieren“ als CTA auswählen, um Ihre Reichweite zu erhöhen. Wenn Sie bereits ein Produkt oder eine Dienstleistung anbieten, dann wählen Sie als CTA eine Aktion, die den Interessenten einen Schritt weiter in Ihrem Marketing Funnel bringt.

Wenn Sie zum Beispiel eine erklärungsbedürftige Dienstleistung (z. B. Coachings zu jeglichen Themen) verkaufen, dann sollten Sie unter Umständen mit den Kunden vor dem Kauf eine Kaufberatung durchführen. Somit können Sie direkt auf einen Anruf verweisen. Bei Anrufen ist allerdings die Hemmschwelle größer zu handeln als bei einer Nachricht. Deshalb können Sie zunächst auf eine Nachricht im Messenger oder per WhatsApp verweisen. Nicht Empfehlenswert ist E-Mail Kontakt, da dieser von den vier Vorschlägen das unpersönlichste Medium darstellt. Genauso können Sie über „Mehr dazu“ den Kunden auf Ihre Landing-Page oder Website leiten.

Wenn Sie zum Beispiel eine nicht erklärungsbedürftige Dienstleistung (z. B. Massagen) anbieten, dann können Sie den Kunden direkt über „Jetzt buchen“ zum Buchungsformular leiten.

Wenn Sie zum Beispiel über einen Online-Shop Produkte verkaufen, dann macht es für Sie Sinn über den Button „Jetzt kaufen“ den Kunden auf Ihren Online Shop zu leiten.

Wenn Sie alle zuvor genannten Punkte eingerichtet

haben, dann können Sie gerne unter „**Einstellungen**" für Ihre Seite passende Änderungen vornehmen.

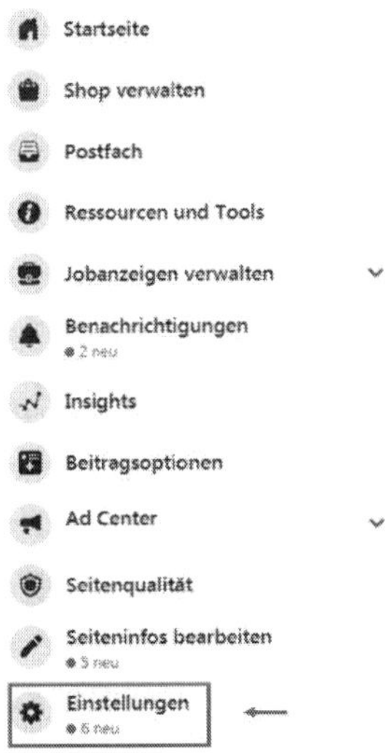

Einstellungen Ihrer Seite

Unter Einstellungen können Sie ebenfalls Seitenrollen vergeben. Sie können nämlich weitere Personen zur Moderation oder auch Administration Ihrer Seite ernennen. Diese Einstellungen können Sie unter „Rollen für diese Seite" ändern.

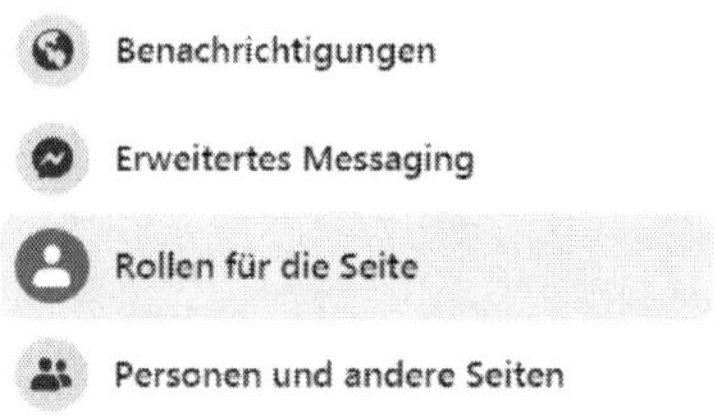

Rollenzuweisung für Ihre Seite

So verwalten Sie Ihre Seite mit dem Smartphone

Sie können Ihre Facebook-Seite ebenfalls über das Smartphone verwalten. Dafür benötigen Sie zusätzlich die App „Facebook Business". Mit Ihr können Sie ähnlich zur Web-Version auf dem Desktop-PC oder Laptop Ihre Seite verwalten und auf Kundenanfragen eingehen. Allerdings sind in der App wesentlich weniger Möglichkeiten zur Bearbeitung Ihrer Seite vorhanden.

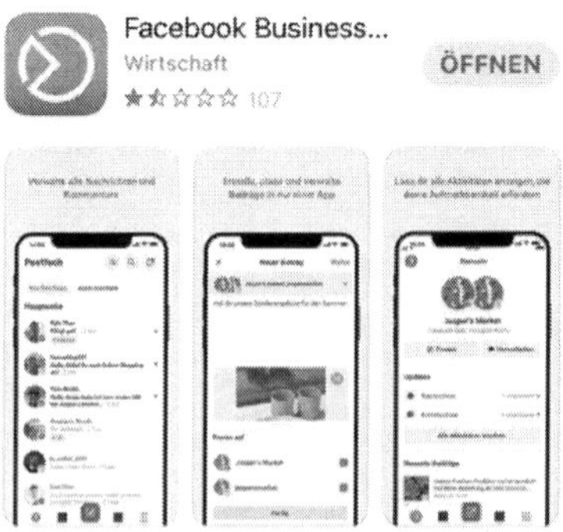

Facebook-Seite bearbeiten am Smartphone

Organische Methoden, um auf Facebook mehr Reichweite zu generieren

In diesem Kapitel erfahren Sie, wie Sie am besten organische Marketingmaßnahmen auf Facebook umsetzen können, damit Sie Neukunden langfristig gewinnen.

Wie bereits in den Anfangskapiteln besprochen, reicht das Veröffentlichen von Beiträgen auf Ihrer Unternehmensseite nicht aus, um eine Community und zahlende Kunden zu generieren.

Ihre Beiträge werden nur selten an Nicht-Abonnenten empfohlen. Das ist der große Unterschied zu Instagram oder Youtube. Aus diesem Grund bedarf es zunächst anfänglicher Maßnahmen, um Ihnen eine Community auf Facebook aufzubauen.

Informieren Sie Ihre bestehenden Kunden

Wenn Sie bereits einen Kundenstamm besitzen, dann wäre die naheliegende Möglichkeit, um Ihre Reichweite anfänglich zu erhöhen, die Kunden auf Ihre neue Internetpräsenz aufmerksam zu machen.

Sprechen Sie beim nächsten Kundentermin Ihre Kunden darauf an.

Wenn Sie nur einen Online-Kontakt zu Ihren Kunden

pflegen, dann versenden Sie Einladungsemails, Ihnen auf Facebook zu folgen.

Wenn Sie einen Onlineshop betreiben, dann verankern Sie das Facebooklogo auf Ihrer Website. Und machen Sie den Kunden am Ende des Bestellprozesses auf Ihre Social Media Präsenz auf Facebook aufmerksam. Nennen Sie dem Kunden den Vorteil, Ihnen auf Facebook zu folgen. Z. B.: „Um als Erster von Aktionsrabatten zu erfahren, folgen Sie uns jetzt auf Facebook."

Den Erfolg dieser Maßnahme können Sie weiter erhöhen, indem Sie die Aktion für Ihren Kunden incentivieren. Vergeben Sie Ihren Kunden ein Free-Give-Away (irgendeine Kleinigkeit, die zu Ihrer Geschäftstätigkeit passt) oder einen Gutschein auf die nächste Bestellung (z. B: 5€ Rabatt ab 80€ Bestellwert).

Offline-Werbung für Ihren Online-Auftritt

Wenn Sie einen lokalen Laden betreiben und diesen nun auf Facebook vermarkten möchten, dann bringen Sie in Ihrem Laden Schilder mit dem Hinweis auf Ihren Online-Auftritt auf. Das Gleiche gilt, wenn Sie Geschäftsräume besitzen, in denen Sie persönlichen Kundenkontakt pflegen. Achten Sie allerdings auf eine hochwertige Darstellung. Also kein schwarz-weiß ausgedrucktes Bild mit zu viel Text.

Werben Sie auf den anderen Social Media Kanälen

Besitzen Sie bereits eine gewisse Reichweite auf anderen Social Media Kanälen? Dann machen Sie Ihre Abonnenten auf Ihren neuen Social Media Auftritt auf Facebook aufmerksam. Benennen Sie immer den konkreten Vorteil für die Person, Ihnen auf einem anderen Kanal zu folgen. Bringen Sie dort exklusive Inhalte, die den Interessenten gefallen könnten?

Sie fragen sich, welchen Vorteil es Ihnen bringt, wenn eine Person Ihnen auf verschiedenen Social Media Kanälen folgt?

Ganz einfach: Je mehr Kontaktpunkte Sie zu Ihren potentiellen Kunden pflegen, desto höher ist die Wahrscheinlichkeit, dass daraus ein Kunde entsteht. Nach der wissenschaftlichen Marketinglehre benötigt jeder Interessent eine gewisse Anzahl an Kontaktpunkten mit Ihnen und Ihrem Unternehmen, um im Endeffekt zu kaufen. Bei einer Person kann die Zahl bei zwei Kontaktpunkten liegen. Bei einer anderen bei zehn. Das hängt ebenfalls sehr stark mit der Kaufschwelle und der Dringlichkeit bzw. Ausmaß des Schmerzes zusammen. Wenn Ihnen also ein Interessent auf verschiedenen Kanälen folgt, dann erhöhen Sie drastisch Ihre Chance ihn zum Kunden zu machen.

Seien Sie präsent in Facebook-Gruppen, die thematisch zu Ihrem Angebot passen

Bisher haben wir noch nicht über Facebook-Gruppen gesprochen. Facebook-Gruppen gehören aber zu dem wichtigsten Kommunikationsmittel auf Facebook.

Was ist eine Facebookgruppe?

Bei einer Facebookgruppe handelt es sich um einen „Ort" auf Facebook, bei dem sich Nutzer zu einem spezifischen Thema untereinander austauschen können.

Beispiel:

Gruppe: Aktien und ETF Investments.

Man kann davon ausgehen, dass in dieser Gruppe sich Menschen befinden werden, die alle am Thema Aktien und ETF Investments interessiert sind. Dort posten Sie Ihre Fragen, Probleme und auch Anregungen. Mit diesen Beiträgen können alle Nutzer der Gruppe interagieren. Das heißt bei ihnen im Feed werden die aktuellsten, relevantesten und am meisten diskutierteste Beiträge angezeigt. So können Sie zur Lösung des Problems beisteuern und Ihr Wissen bzw. Ihre Erfahrung schildern.

Facebook-Gruppen sind der zentrale Ort für den Austausch von Inhalten zwischen Nutzern. Aus diesem Grund favorisiert Facebook Inhalte aus Facebook-Gruppen im Feed der Facebooknutzer.

Wichtig hierbei: Es handelt sich nicht um von Facebook vorgefertigte Gruppen. Diese Gruppen entstehen durch die Gründung durch einen privaten Facebooknutzer oder durch eine Facebook-(Unternehmens-)Seite.

Wie können Sie nun bestehende Gruppen für den Ausbau Ihrer Reichweite nutzen?

Suchen Sie in der Suchfunktion von Facebook nach bereits vorhandenen Facebookgruppen, die thematisch zu Ihrem Angebot passen und treten Sie diesen Gruppen bei. Wichtig: beantragen Sie einen Zutritt zur Gruppe mit Ihrem persönlichen Profil. Das erhöht die Chancen, dass Sie einen Zutritt erhalten, da in vielen Gruppen sehr viel Wert auf werbefreie Beiträge gelegt wird. Wenn allerdings die Gruppe einen Austausch von Werbung nicht untersagt oder die Gruppe zum Austausch von Unternehmern und Unternehmen dient, dann können Sie diesen mit ihrer Unternehmensseite beitreten.

Vermeiden Sie nun um jeden Preis, direkt mit Werbeinhalten loszulegen. Das wird in den meisten Fällen zum Rauswurf aus der Gruppe führen.

Folgende **drei** Strategien empfehle ich Ihnen aus der Praxis:

- ✓ Seien Sie aktiv in den relevantesten Gruppen. Das heißt: helfen Sie Nutzern bei Fragen weiter, in dem Sie ihnen Tipps geben. Je öfter Sie unter

Beiträgen als Tippgeber erscheinen, desto mehr kommt bei den Nutzern das Gefühl auf, dass Sie wirklich ein Experte auf Ihrem Gebiet sind. So werden Sie nicht nur auf Ihrer Unternehmensseite Likes und Abonnenten sammeln, sondern Sie bauen sich auch eine Fanbase in der Gruppe auf.

- ✓ Posten Sie selber Beiträge in den Gruppen. Es können Tipps sein. Genauso können Sie Fragen stellen, die die Nutzer anregen sich zu einem Thema zu äußern. So können Sie in der Kommentarsektion einen Dialog mit den Nutzern beginnen.

- ✓ Setzen Sie sich mit den Administratoren / Moderatoren der Gruppe in Verbindung und handeln Sie Kooperationen oder Werbedeals aus.
  In manchen Fällen erlauben Ihnen die Administratoren nach einer netten Nachricht mit der Frage nach der Erlaubnis, kostenlos Werbung für Sie oder Ihr Produkt zu machen. Zeigen Sie hierbei die Vorteile Ihrer Produkte für die Mitglieder auf. Als Eisbrecher kann der folgende Vorschlag dienen: Schlagen Sie den Moderatoren vor, dass bei negativer Resonanz der Mitglieder gegenüber Ihrer Werbung, Sie Ihren Beitrag wieder entfernen werden. Denn den Admins der Gruppe geht es darum eine

offene, gemeinschaftliche und positive Atmosphäre in der Gruppe beizubehalten.

Wenn der Vorschlag nach einer kostenlosen Werbeaktion misslingt, können Sie einen bezahlten Werbedeal mit den Admins der Gruppe aushandeln.

Bei der letzten Möglichkeit können Sie eine Kooperation zwischen Ihnen und den Admins vorschlagen. Sie können aushandeln, dass Sie als Experte für ein Thema in der Gruppe auftreten und zum Beispiel einmal im Monat einen Live-Stream zu einem Thema veranstalten. Dabei können Sie Werbung für Ihr Unternehmen und Ihre Produkte machen.

Neben fremden Gruppen, empfehle ich Ihnen eine persönliche Facebookgruppe zu einem Thema zu kreieren. Dort können Sie nämlich ohne Probleme Werbung für Ihre Produkte bzw. Ihre Dienstleistung veröffentlichen. So bauen Sie sich auf Facebook eine Community auf.

Wie Sie mit ihrer eigenen Gruppe Ihre Reichweite ausbauen

Sie können eine Gruppe entweder mit Ihrem persönlichen Facebook Account oder mit Ihrer Unternehmensseite erstellen. Empfehlenswerter ist es die Gruppe mit Ihrer Unternehmensseite zu erstellen, da Sie Ihren CTA-Button auf Ihrer Seite zu „Zur Gruppe" ändern können. So erhöhen Sie die Sichtbarkeit Ihrer Gruppe.

Sie sollten Ihrer Gruppe zum einen einen aussagekräftigen und verkaufstechnisch optimierten Titel geben. Auf der anderen Seite sollten sie Ihn SEO optimieren, damit Ihre Gruppe durch die Facebook-Suche leichter gefunden wird.

Wenn die Gruppe zum Thema „Steuern sparen" sein sollte, dann könnte der Titel so aussehen:

- ✓ „Wie Sie als Immobilieninvestor 5-stellig Steuern sparen können."

Durch das „Wie" machen Sie einen Nutzer neugierig und sagen aus, dass in der Gruppe das Vorgehen und die Strategien vorgestellt werden.

„Immobilieninvestor" – damit fühlt sich Ihre Zielgruppe direkt angesprochen und aus Sicht des Nutzers haben Sie eine sehr hohe Relevanz für ihn.

„5-stellig Steuern sparen" legt direkt den Vorteil nieder,

welchen der Nutzer aus der Gruppe ziehen wird. „5-stellig" erweckt außerdem ein sehr hohes Interesse, da es sich um eine attraktive Summe handelt. „Steuern sparen" ist in dem Fall die SEO Optimierung, da Nutzer sehr wahrscheinlich nach „Steuern" oder „Steuern sparen" in der Facebook-Suchfunktion suchen werden.

Essentiell wichtig für die Erhöhung der Beitrittsanfragen für Ihre Gruppe ist ein ansprechendes Titelbild. Es sollte eine Mischung aus Foto(s) und Textelementen beinhalten. Am besten ebenfalls auch Ihr Logo.

Das Foto sollte thematisch passen. Wenn Sie Coach sind, dann empfiehlt es sich ein Bild von Ihnen zu nehmen. Um das Interesse zu erhöhen können Sie zum Beispiel ein Bild von Ihnen auf der Bühne nehmen.

Auf dem Bild platzieren Sie einige Bulletpoints mit den konkreten Vorteilen, die die Gruppe den Nutzern bringen wird. Und vergessen Sie auf keinen Fall einen CTA zu platzieren. Sowas wie „Treten Sie jetzt der Gruppe bei."

Achten Sie beim Designen auf jeden Fall auf einen hohen Professionalitätsgrad. Das hebt Sie von anderen auf Facebook ab.

In die Gruppenbeschreibung sollten Sie einen Verkaufstext platzieren, der beim Nutzer das Interesse zum Beitritt entfachen soll. Wie ein Verkaufstext optimal aufgebaut sein sollte, erfahren Sie in Kapitel 5.

So gewinnen Sie Kunden mit Hilfe Ihrer organischen Reichweite

Zwei Fehler, die viele bei Marketing auf Social Media begehen, sind die folgenden:

a) Man verkauft nichts aktiv und hofft, dass sich die Interessenten von alleine melden.
b) Man will zu voreilig etwas verkaufen

Schauen wir uns zunächst Fall a) an.

In Deutschland ist in der Bevölkerung der folgende Glaubenssatz vorhanden:

„Ich muss mein Produkt nicht verkaufen. Wenn es gut genug ist, dann verkauft es sich von selbst."

Lieder ist das ein sehr schlimmer Trugschluss. Von diesem Glaubenssatz geleitet veröffentlichen etliche Unternehmer und Selbstständige kostenlose Inhalte auf Social Media, ohne dabei auch nur ein Wort über die Dienstleistung oder das Produkt zu verlieren. Wie soll in diesem Fall ein Interessent auf die Idee kommen, dass Sie ihm mit Ihrem Angebot helfen können?

Schauen wir uns Fall b) an.

Nun haben Sie wahrscheinlich eingesehen, dass Marketing und Verkaufen essentiell für den Erfolg Ihres

Unternehmens sind. Dabei ist die Gefahr sehr groß ins andere Extrem zu rutschen. Ohne wirklich auf die Bedürfnisse der Kunden einzugehen und Ihnen Tipps kostenlos zur Verfügung zu stellen, dreht sich jeder Beitrag nur um die Dienstleistungen oder Produkte des Unternehmens. Kein Wunder werden Sie so nichts verkaufen. Denn der Kunde nimmt Sie als reinen Werbekanal wahr, bei dem es nur um Profit geht.

Wie Sie merken, sind beide Extreme ungeeignet, um Erfolg auf Social Media und Facebook zu erzielen. Was Sie brauchen ist eine Mischung aus beiden.

Wichtig: Bevor Sie Jemandem was verkaufen können, muss der Kunde Vertrauen zu Ihnen, zum Produkt und zum Unternehmen (wenn Sie ein Produkt eines Drittanbieters verkaufen) aufbauen. Davor wird ein Interessent nicht zum Kunden.

Das heißt, Sie müssen auf der persönlichen Ebene eine Beziehung mit dem Kunden aufbauen. Und Sie müssen dem Kunden zeigen, dass Ihr Angebot genau das Richtige für das Problem des Kunden ist.

So sollten Ihre Beiträge aussehen

Stellen Sie am Anfang immer Fragen. So fühlt sich der Kunde verstanden und wertgeschätzt. Außerdem entwickelt er Ihnen Sympathie gegenüber, wenn er reden darf. Noch mehr, wenn Sie den Kunden danach loben und ihm seine Aussage bestätigen.

Das heißt konkret für die Gruppe: veröffentlichen Sie einige Male in der Woche eine Frage oder Umfrage bei der Sie nach der Meinung, den Problemen, den Wünschen usw. fragen. Halten Sie die Kommunikation und den Austausch zwischen Ihnen und den Interessenten aufrecht. Wenn Sie merken, dass ein Interessent ein Problem hat, das Sie wirklich lösen können, dann haben Sie zwei verschiedene Vorgehen, die nach Art Ihres Angebotes unterschiedlich sein wird:

Wenn es sich um ein nichterklärungsbedürftiges Angebot handelt, dann können Sie mit dem letzten Kommentar den Link zum Produkt in Ihrem Online Shop schicken. Wenn es sich um ein erklärungsbedürftiges Angebot handelt, dann können Sie in den Kommentaren mit einer Nachricht „Ich schreibe Ihnen eine PN" oder „Schreiben Sie mir eine PN" auf den Privatchat verweisen. Dort können Sie dann mit dem Kunden im Detail über sein Problem sprechen und Ihm dann ein Angebot unterbereiten.

Zwischendurch können Sie auch ohne Bedenken ein Beitrag mit Werbung zu Ihrem Angebot veröffentlichen. Da spricht nichts dagegen.

Zusätzlich sollten Sie hilfreiche Informationen, Tipps und Ihre Erfahrungswerte zum zentralen Thema der Gruppe veröffentlichen. Wegen dem sind die Nutzer primär drin. Sie können gerne verschiedene Formate verwenden: Faktenbilder, Fotos, Videos und Live-Streams. Achten Sie bitte darauf, dass Sie die Beiträge nicht langweilig gestalten. Es gibt nichts Schlimmeres als ein monotones und rein informationshaltiges Video. Anstatt einfach nur Informationen zu nennen, erzählen Sie eine Geschichte. Eine Geschichte, die die Nutzer zum Nachdenken bringt und vor allem Emotionen in ihnen hervorruft.

Halten Sie die Positivität aufrecht

Sie sind Admin der Gruppe, also haben Sie die Oberhand über das Geschehen. Das heißt: wenn Beiträge mit unerwünschter Werbung erscheinen oder sich ein Mitglied unberechtigt negativ über Ihre Beiträge oder Ihr Angebot äußert, dann löschen Sie den Beitrag oder den Kommentar. Nur wenn die Stimmung in der Gruppe positiv bleibt, werden Sie erfolgreich sich oder Ihr Angebot vermarkten können.

Mehr Erfolg durch regelmäßige Beiträge

Auf Social Media ist einer der wichtigsten Faktoren, der über Erfolg oder Misserfolg im Vermarkten entschiedet, die Regelmäßigkeit. Denn je regelmäßiger Sie Beiträge veröffentlichen, desto aktueller und relevanter werden Sie für den Kunden sein, da er so ständig mit Ihnen konfrontiert wird. Und dazu bekommt er noch hilfreiche

Informationen oder Tipps zu seinem Problem. Außerdem wirkt Regelmäßigkeit sich positiv auf den Algorithmus aus. Je häufiger Sie etwas posten, desto besser und besser bewertet Sie der Algorithmus im Ranking. Aber achten Sie bitte auf eine konstant gute Qualität Ihrer Beiträge.

So finden Sie Nutzer für Ihre Gruppe

Damit Ihre Gruppe erste Aufmerksamkeit und Mitglieder bekommt, können Sie Ihre Freunde einladen, der Gruppe beizutreten. Ansonsten empfiehlt es sich in anderen Gruppen Werbung für Ihre Gruppe zu machen. Hierbei gilt die gleiche Vorgehensweise, wie bereits im Vorkapitel besprochen.

Zusätzlich können Sie „indirekt" Werbung für Ihre Gruppe machen, indem Sie in der Kommentarsektion am Ende eines längeren Kommentars oder nach einem mehrmaligen Hin-und-Her mit einem Nutzer auf Ihre Gruppe aufmerksam machen.

Ein weiterer Weg, wie Sie Nutzer dazu incentivieren können Ihrer Gruppe beizutreten, ist durch ein Geschenk, das ein Nutzer erhält.

Ebenfalls 2 effektive Wege, um für Ihre Gruppe Werbung zu machen, sind bezahlte Werbung und Kaltakquise. Diese beiden Strategien behandeln wir in den nächsten beiden Kapiteln.

So gehen Sie vor, um mit Ihrer organischen Reichweite Kunden zu gewinnen

Wenn Sie in Ihrer Gruppe erste Mitglieder haben bzw. Ihre Facebookpage Follower dazugewinnen konnte, sollten Sie Ihre organische Reichweite nutzen, um mit Ihrer Community im Austausch zu verbleiben. Wie bereits am Anfang angedeutet, können Sie bei Facebook durch reines Veröffentlichen von Beiträgen nicht sonderlich viel Reichweite dazugewinnen. Diese Strategie funktioniert vor allem bei Instagram, Youtube und TikTok. Sobald Sie aber eine Community haben, sollten Sie Content Marketing vereint mit Werbung betreiben.

Das heißt Sie sollten für Ihre Zielgruppe relevante Beiträge mit einem Tipp oder Trick zu einem Problem verfassen. Und vergessen Sie nicht am Ende eines Betragstextes oder eines Videos einen CTA und Werbung für Ihr Angebot zu machen.

Genauso sollten Sie Ihre organische Reichweite nutzen, um Ihre Zielgruppe weiterkennenzulernen. Stellen Sie Fragen und führen Sie Umfragen durch.

Genauso sollten Sie regelmäßig positive Rezensionen, Kundenergebnisse, Fallstudien usw. posten. Es gibt kein besseres Kaufargument als positive Erfolgsstories Ihrer

Kunden.

Vergessen Sie ebenfalls nicht, mit der Zeit weitere Kanäle zu nutzen.

Dazu zählen:

- ✓ Instagram
- ✓ Youtube
- ✓ TikTok
- ✓ Podcasts

Hier können Sie vor allem auch weitere Zielgruppen für Ihr Angebot erschließen.

So nutzen Sie Facebook Insights zu Ihrem Vorteil

„Data is the new oil". Vielleicht haben Sie diesen Spruch schon mal gehört. Im heutigen Digitalzeitalter haben Sie so viele Möglichkeiten, Daten zu Interessenten zu sammeln und für die Verbesserung Ihres Marketings und natürlich anderer Bereiche im Unternehmen zu nutzen. Sie können dafür bei jedem Ihrer Beiträge auf Ihrer Unternehmensseite eine Statistik aufrufen, um die wesentlichen Kennzahlen zum Beitrag zu erfahren. Dafür müssen Sie lediglich auf eine der beiden angezeigten Kennzahlen („erreichte Personen" oder „Interaktionen") klicken. Dann erschient eine detaillierte Ansicht.

Erreichte Personen / Interaktionen

Um eine detaillierte Auswertung der Performance Ihres Beitrags zu erhalten, klicken Sie dafür auf die Anzahl der erreichten Personen oder auf die Interaktionen. Danach erscheint ein Fenster mit allen Details (siehe nächste Abbildung)

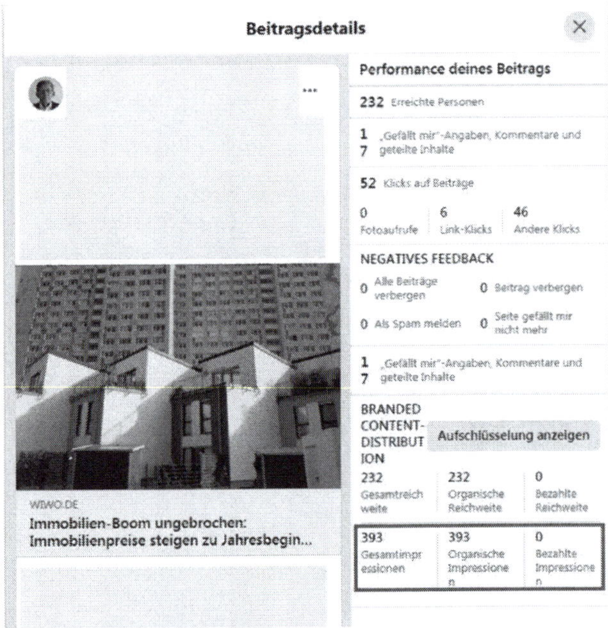

Detaillierte Auswertung der Performance eines Beitrags

So können Sie auf eine schnelle Art und Weise verschiedene Beiträge miteinander vergleichen und feststellen, welche Art von Beiträgen am besten bei Ihrer Zielgruppe ankommt.

Ich empfehle Ihnen einen Schritt weiter zu gehen und alle vorhandenen Kennzahlen und Auswertungen, die Ihnen Facebook bietet, einzubeziehen. Diese finden Sie unter „**Facebook Business Suite**".

Unter „**Beiträge**" finden Sie nochmal alle Ihre veröffentlichten Beiträge. So können Sie nochmal einfacher Beiträge untereinander vergleichen.

Zusätzlich können Sie bei Business Suite unter dem Reiter „**Insights**" weitere wichtige Informationen entnehmen.

- ✓ **Trends**: Hier können Sie die Aufrufe Ihrer Facebookseite analysieren. So können Sie verfolgen wie oft durch einen neuen Beitrag Ihre Seite geöffnet wurde, um sich weiter über Sie, Ihr Unternehmen und Ihr Angebot zu informieren. Wenn Sie bezahlte Werbung schalten, können Sie so ebenfalls auswerten, wie viele Personen durch die Anzeige angestoßen werden, sich weiter zu informieren.
- ✓ **Content**: Hier bietet Ihnen Facebook eine weitere Übersicht für den Vergleich und die Analyse Ihrer Beiträge. Welchen Reiter Sie für die Auswertung Ihrer Beiträge nutzen wollen, ist Ihnen überlassen. In dieser Übersicht haben Sie den Vorteil, dass Sie nach bestimmten Kriterien filtern können und die Daten in verschiedenen Formaten exportieren können.

- ✓ **Zielgruppe:** Bei dieser Auswertung können Sie nützliche Details über Ihre Seitenbesucher erfahren. Diese Auswertung können Sie später bei bezahlter Werbung einsetzen, um effektivere Werbeanzeigen zu schalten. Um diese Auswertung zu erhalten, sollte ihre Facebookseite mindestens 100 Likes aufweisen. Deshalb sollten Sie schauen, dass Sie diese Marke so schnell wie möglich erreichen. Danach können Sie einsehen, welches Alter und Geschlecht Ihre Nutzer haben. Zudem erfahren Sie aus welchen Städten und Ländern Ihre Besucher stammen. Das bietet Ihnen später den Vorteil, um bei bezahlter Werbung Ihre Zielgruppe besser einzugrenzen.

Kapitel 4: Geheime FM-Strategie – ohne Kosten zu mehr Reichweite und neuen Kunden

Bei der FM-Strategie (Facebook-Messenger-Strategie) handelt es sich um die Kaltakquise auf Facebook. Bevor wir mit der Kaltakquise, als einem sehr wirkungsvollen Instrument, anfangen, sollten Sie eine Sache im Kopf behalten. Generell ist nach den gesetzlichen Bestimmungen nur für B2B Anfragen Kaltakquise gestattet. Bei B2C muss normalerweise eine Zustimmung vom Interessenten zur Kontaktaufnahme vorliegen.

Allerdings gibt es auch Wege, um sich bei einer B2C-Akquise auf Facebook in einem „sicheren" Rahmen zu bewegen.

Wichtig: Dieser Ratgeber stellt keine rechtliche Beratung dar und übernimmt keine Haftung in Bezug auf die Richtigkeit der Auslegung von Gesetzen. Aus diesem Grund empfiehlt der Autor, sich rechtliche Beratung von einem Spezialisten (Anwalt) im Vorfeld einzuholen.

Egal ob Sie Mitglieder für Ihre Gruppe suchen oder direkt Neukunden für Ihre Dienstleistung oder Ihr

Produkt gewinnen möchten, funktioniert die Kaltakquise nach einem gleichen Muster.

Schritt 1: Finden Sie Ihren Zielkunden

Bei der B2C Akquise aber auch bei B2B ist es essentiell, dass Sie mit potentiellen Kunden auf der gleichen „persönlichen" Ebene interagieren. Deshalb führen Sie alle Handlungen stets mit Ihrem privaten Facebookaccount durch. Nicht mit der Unternehmensseite.

Zunächst suchen Sie nach Ihrem passenden Zielkunden. Der einfachste Weg hierfür ist es Gruppen beizutreten, in denen sich Ihre Zielgruppe aufhält. Danach gehen Sie die Mitgliederlisten durch und suchen die passenden Nutzer heraus.

Schritt 2: Connecten Sie mit Ihrem Zielkunden

Stellen Sie den Mitgliedern, die vom ersten Anschein her zu Ihnen passen eine Freundschaftsanfrage.

Jetzt ein feiner Unterschied: Bei B2B-Angeboten sollten Sie neben einer Freundschaftsanfrage ebenfalls direkt eine Nachrichtenanfrage raussenden. Wie wir bereits im Anfangskapitel behandelt haben, landen Nachrichten von Nichtfreunden in einem anderen „versteckten" Postfach oder sogar im Spam. Deshalb sollten Sie so viel Aufmerksamkeit auf Ihr Profil lenken wie möglich. Und das erreichen Sie durch das Aufpoppen Ihres Profils in den Freundschaftsanfragen und den Nachrichtenanfragen.

Bei B2C-Angeboten sollten Sie auf die Beantwortung der Freundschaftsanfrage warten, wenn Sie dem Interessenten ein Angebot anbieten möchten. Wenn der Nutzer Ihre Anfrage annimmt, dann seid ihr befreundet. Und bei Freunden sollte nichts gegen einen offenen Austausch sprechen.

Schritt 3: So überzeugen Sie beim Chatten

Verkaufen Sie richtig. Vielleicht haben Sie es auch schon mal erlebt, bereits mit der ersten Nachricht versucht Ihnen jemand Ihr Produkt zu verkaufen. Wie würden Sie darauf reagieren? Genau, gar nicht. Sie haben weder Sympathie zu Ihrem Gegenüber aufbauen können, noch hat der Verkäufer überhaupt Ihren Bedarf feststellen können. Ohne den Bedarf und die Probleme des Gegenübers zu kennen und eine „Beziehung" aufgebaut zu haben, kann dann die Produktpräsentation auch nicht funktionieren. So funktioniert Verkaufen nicht!

Im Ersten Schritt sollten Sie mit einer eröffnenden Nachricht das Interesse des Nutzers wecken, aber auch dem Nutzer klarmachen: Ich will dir nicht unbedingt etwas verkaufen, sondern nur helfen.

Wie machen Sie das am besten?

Im Idealfall schreiben Sie jemanden aus der Gruppe an, der eine Frage oder sein Problem kurz zuvor in der Gruppe geäußert hat. Diese Stellungnahme können Sie aufgreifen und mit dem Kunden per Nachricht Kontakt aufnehmen. Stellen Sie dem Nutzer weiterführende Fragen, um sein konkretes Problem zu identifizieren.

Genau das Gleiche wenden Sie an, wenn Sie jemanden anschreiben, der Mitglied einer Gruppe ist, ohne dass er unbedingt davor ein Problem geäußert haben muss. Hierbei sollten Sie aber in der ersten Nachricht erwähnen, wer Sie sind und auf welchem Gebiet Sie Experte sind. Geben Sie dem Nutzer ebenfalls immer einen Grund an, warum Sie schreiben. Natürlich nicht, dass Sie ihm ein Produkt, Dienstleistung oder Gruppe verkaufen wollen. Sondern, dass Sie z. B. eine Umfrage durchführen oder für ein kommendes Projekt gerne xyz von Personen mit einem gewissen Projekt erfahren möchten. Und schon erscheinen Sie Ihrem Gegenüber sympathisch und Sie können mit der Person einen Austausch starten. Wenn Sie sich am Ende sicher sind, dass Sie der Person helfen können, führen Sie eine Angebotspräsentation durch. Nennen Sie dabei Vorteile, die der Interessent durch z. B. Beitritt zu einer Gruppe erhalten wird oder welche Vorteile Ihr Produkt bietet. Vergessen Sie dabei nicht Emotionen zu verkaufen. Das heißt nutzen Sie verstärkende Adjektive und Zusätze. Ohne das Ganze natürlich unnötig aufzublähen und unglaubwürdig rüberzukommen. Hier gilt ebenfalls:

Versprechen Sie nichts, was Sie nicht halten können.

Zum Beispiel:

» Sie werden innerhalb von 7 Tagen Erfolge sehen.
  Sie werden innerhalb von **nur** 7 Tagen Erfolge sehen.
» Das Produkt wird Ihnen Problem xyz lösen.
  Das Produkt wird **definitiv** das Problem xyz lösen.

Diese 3 Dinge sollten Sie auf dem Schirm haben

Erstens: Erwarten Sie nicht, dass 100% der Personen Ihnen antworten werden. Auch nicht 50% der Personen. Es werden ca. 10-20% der Personen auf Ihr Anschreiben reagieren. Natürlich hängt es auch stark von der Qualität Ihres Anschreibens ab. Wieso ist die Zahl so gering? Nun. Zunächst ist nicht jede Person jeden Tag online. Manche Personen wissen nicht oder schauen nur selten in Ihr Anfragenpostfach. Nicht jeder passt unbedingt zu Ihrer Zielgruppe, auch wenn die Person in der Gruppe sein mag. Vielleicht ist das Problem nicht so akut oder bereits gelöst. Das können Sie im Vorfeld nicht wissen. Deshalb ist es ganz normal, dass die Antwortquote sich in dem Rahmen aufhalten wird.

Zweitens: Geben Sie dem Nutzer kostenlosen Mehrwert. Noch bei zu vielen Unternehmern und Selbstständigen herrscht die Meinung, dass wenn Sie kostenlose

Informationen preisgeben, dass der Kunde dadurch keinen Grund mehr sehen wird, Ihr Produkt oder Dienstleistung zu kaufen. Und das ist leider komplett falsch. Come on! Wir leben im 21. Jahrhundert. Jede Information ist heutzutage irgendwo im Internet kostenlos verfügbar. Somit wird Ihr Gegenüber auf die Information früher oder später trotzdem stoßen. Die Frage ist bloß, ob Sie das zu Ihrem Vorteil nutzen werden oder nicht. Die Vorteile liegen glasklar auf der Hand:

1. Der Kunde sieht Sie als Experten an. Und das ist was Sie erreichen wollen. Wenn Ihr Kunde Sie als Experten ansieht, werden Sie ihm viel leichter etwas verkaufen können. Der Kunde ist nämlich bereit, Ihnen zuzuhören und Ihren Ratschlägen zu folgen.

2. Das Prinzip der Reziprozität greift. Wir Menschen funktionieren nach dem folgenden Prinzip: Wenn uns jemand etwas Gutes tut, sind wir im Gegenzug bereit etwas Gutes für den anderen zu einem späteren Zeitpunkt zu leisten. Wenn Sie der Person also kostenlose Tipps und Ratschläge zur Verfügung stellen, befindet sich die Person danach in der Bringschuld. Und das öffnen Ihnen die Tür zu einem erfolgreichen Geschäft.

3. Umgehen Sie Shadowbans. Shadowbans sind

sehr ärgerliche Showstopper. Sie zwingen Sie nämlich dazu einige Tage bis Wochen pausieren zu müssen. Wovon ist die Rede?

Wenn Sie aus Facebooks Sicht für Nutzer „unerwünschte" Handlungen ausführen, wird Sie Facebook dafür bestrafen. Wenn Sie also zu viele Personen innerhalb weniger Minuten anschreiben oder mehreren dutzenden Personen in der Zeitspanne Freundschaftsanfragen versenden, wird Sie Facebook als Spam einstufen. Zunächst wird Facebook Ihre Nachrichten im Spamordner der Nutzer auftauchen lassen. Und bei Freundschaftsanfragen werden Sie gefragt, ob Sie die Personen wirklich kennen. Als nächsten Schritt wird Facebook sie für einige Tage bis Wochen sperren, sodass Sie diese Handlung nicht durchführen werden können. Das sollten Sie auf jeden Fall vermeiden. Deshalb achten Sie darauf pro Stunde 1-2 Nachrichten oder Freundschaftsanfragen zu versenden. Und am Tag höchstens 5-6 Nachrichten bzw. Anfragen zu versenden. Das erspart Ihnen jede Menge Ärger und Frust. Das gleiche gilt für weitere Bereiche, wie Gruppenbeitritte, Gruppenbeiträge usw.

Kapitel 5: Automatisiert Neukunden durch Ads gewinnen – So skalieren Sie Ihre Einnahmen um das X-fache

Das müssen Sie verstehen, um Erfolg mit bezahlter Werbung zu haben

Nachdem Sie durch Kaltakquise bereits erste Mitglieder für Ihre Gruppe oder sogar Neukunden gewinnen konnten, werden Sie mit bezahlter Werbung kontrolliert und automatisiert Neukunden wie am Laufband produzieren können.

Ja, das ist möglich. Im Endeffekt funktioniert bezahlte Werbung auf Social Media nach dem folgenden System:

Sie geben x Euro für Werbung aus, um y*x Euro an Umsatz/Gewinn zu erwirtschaften.

Wie groß y sein wird hängt von zwei wesentlichen Faktoren ab:

» Wie hoch ist Ihre Gewinnmarge? Bei hochpreisigen Produkten werden Sie generell y höher gestalten können, als bei Produkten, die sie für wenige Euro verkaufen. In diesem Fall gehen Sie über die Masse, sodass ein kleines y (solange über 1) ausreichen wird, um hohe Gewinne einzufahren.

» Der wesentlichere Faktor: Wie gut funktioniert Ihr System. Also wie durchdacht ist Ihr Marketing-Funnel. Wie gut können Sie verkaufen? Wie sorgfältig haben Sie die Marketinggrundlagen erarbeitet?
UND: Setzen Sie bezahlte Werbung richtig ein? Wie Sie bezahlte Werbung optimal für Ihren Zweck umsetzen können, erfahren Sie in den folgenden Kapiteln.

Diese Vorteile und Nachteile sollten Sie abwägen, bevor Sie Ads schalten (inkl. Empfehlung)

Bezahlte Werbung kann Wunder in Bezug auf die Automatisierung und Skalierung Ihrer Einnahmen bewirken. Doch nicht alles was glänzt ist Gold. Genauso sollten Sie die Nachteile im Kopf haben, bevor Sie bezahlte Werbung einsetzen.

Fangen wir mit den Vorteilen an.

Vorteil 1: automatisierte Kundengewinnung

Sie müssen niemanden anschreiben oder x Beiträge auf Ihrer Seite veröffentlichen, um Interessenten zu generieren. Alles was Sie tun müssen ist, eine Werbekampagne mit einigen Werbeanzeigen einmalig aufzusetzen und das System zum Laufen zu bringen. Danach brauchen Sie sich nie wieder Gedanken über neue Interessenten zu machen.

Vorteil 2: Skalierung durch kontrollierbares System möglich

Sobald Sie das Marketing-System einmal erfolgreich integriert haben, lässt es sich um das x-fache durch die Erhöhung des Werbebudgets bis zu einem gewissen Limit skalieren. Ab einem gewissen Punkt müssen Sie weitere Strategien einsetzen, wie z. B. Brand Marketing oder den Ausbau Ihrer organischen Präsenz. Solange Sie aber nicht mindestens hohe 5-stellige bzw. niedrige 6-stellige Monatsumsätze mit bezahlter Werbung generieren, haben Sie das System auf jeden Fall nicht komplett ausgeschöpft. Und Sie brauchen sich auf jeden Fall keine Gedanken über andere Marketing Methoden machen.

Vorteil 3: Sie können Ihre Zielgruppe genau ansteuern.

Facebook-Werbung bietet Ihnen den Vorteil, dass Sie Ihre Zielgruppe auf Facebook sehr genau aussuchen können. Somit können Sie von Anfang an sicherstellen, dass Sie nur wirklich für Sie relevante Interessenten ansprechen. So sparen Sie enorm viel Zeit und Geld im Vergleich zu konventionellen Werbemethoden wie Flyer- oder TV-Werbung.

Nachteil 1: Es kostet Sie Geld

Anders als die FM-Strategie oder der organische Ausbau Ihrer Reichweite, müssen Sie bei bezahlter Werbung Geld in die Hand nehmen. Soweit so klar. Doch von welchen Budgets sprechen wir?

Bezahlte Werbung auf Facebook funktioniert nach dem Gebotsprinzip. Das heißt, derjenige, der am meisten auf eine bestimmte Zielgruppe bietet, wird (oben) gelistet.

Die anderen bekommen keine Sichtbarkeit. Facebook Marketing ist noch am Wachsen – ja. Allerdings sind trotzdem bereits sehr viele und vor allem große Player aktiv auf der Plattform. Deshalb benötigen Sie mehr als 1€ Budget am Tag um erfolgreich durchzustarten. Natürlich hängt das stark von Ihrer Nische und Ihrer Zielgruppe ab. Allerdings sollten Sie damit rechnen, dass Sie mindestens 3-stellige Summen am Anfang pro Monat investieren sollten, um erste Ergebnisse zu erzielen.

Nachteil 2: Sie brauchen Geduld

Sie sollten nicht mit der Erwartungshaltung reingehen, dass Sie von Tag 1 Neukunden am Fließband serviert bekommen. Es kann vorkommen - Allerdings braucht der Prozess einige Zeit. Bis die Nutzer mehrmals Ihre Anzeige gesehen haben und endlich nach dem x-ten Mal draufklicken. Genauso muss sich der Facebook-Algorithmus auf Ihre Kampagne einspielen. Dieser optimiert sich nämlich mit steigender Anzahl an vorhandenen Daten zu Ihren Werbeanzeigen.

Nachteil 3: Sie sollten die Infrastruktur Ihres Unternehmens erweitern

Klar können Sie Facebook-Werbung problemlos bis zu einem gewissen Grad skalieren und so mehr und mehr Neukundenanfragen generieren. Doch ist Ihre

Infrastruktur des Unternehmens auf die Skalierung vorbereitet?

Was meine ich damit?

Wenn es Ihr Geschäftsmodell ist, preisgünstigere Produkte in Massen zu verkaufen, dann sollten Sie schauen, dass Sie viele Prozesse durch entsprechende IT-Lösungen automatisieren und so eine Skalierung mit mehr Neukunden erlauben.

Wenn Sie hochpreisige Dienstleistungen oder Produkte verkaufen, dann können Sie auch viele Prozessschritte per Software automatisieren. Z. B. Ihre Buchhaltung oder gewisse Bestandteile Ihrer Dienstleistung wie Coachingvideos, die Sie auf einer für die Kunden zugänglicher Plattform integriert haben. Trotzdem werden Sie in diesem Fall einen hohen persönlichen Kontakt zu Ihren Kunden pflegen. Deshalb müssen Sie früher oder später Mitarbeiter für delegierbare Aufgaben einstellen. Dazu zählen am Anfang vor allem administrative Aufgaben.

Empfehlung: Das empfiehlt Ihnen der Online-Marketingprofi

Wenn Sie durch Kaltakquise, Offline-Marketing oder organische Reichweite die Neukundengewinnung ausgeschöpft haben und Sie Ihre Einnahmen skalieren wollen und können, dann sollten Sie unbedingt bezahlte

Werbung einsetzen. Ansonsten brauchen Sie es nicht! Fokussieren Sie sich dann lieber auf die Kaltakquise und bauen Sie Ihre organische Reichweite aus.

Aber behalten Sie im Hinterkopf: Ein Baum der nicht wächst, stirbt mit der Zeit. Deshalb sollten Sie sich nicht auf Ihrem Erfolg ausruhen und lieber Ihr Unternehmen skalieren.

Erste Schritte: So erstellen Sie die passende Werbekampagne

Bevor Sie mit der Einrichtung beginnen, sollten Sie auf jeden Fall die Grundlagen aus Kapitel 2 zu 100% verinnerlicht und umgesetzt haben. Klar können Sie nicht im Vorfeld alles ins Detail ausplanen, da Sie manche Dinge erst durch die Auswertung bezahlter Werbung ausfindig machen können. So zum Beispiel über die konkreten Interessen der Zielgruppe. Ihr Marketing-Funnel sollte ebenfalls von A bis Z durchdacht sein. Ansonsten werden Sie wortwörtlich Ihr Geld ohne Resultate verbrennen.

Wenn die Grundlagen bei Ihnen stimmen, dann lassen Sie uns mit der Einrichtung loslegen.

Hier sollten Sie Ihre Werbekampagnen und Anzeigen einrichten

Facebook bietet in der Hinsicht drei verschiedene Wege an, um Werbung auf der Plattform zu schalten.

Einen sehr einfachen, einen einfachen und einen detaillierten Weg.

Bei den ersten beiden Wegen können Sie über Facebook Business Suite Ihre Werbeanzeigen einrichten. Hierbei versucht Facebook den Prozess so leicht wie möglich für Sie zu gestalten. Facebook bietet Ihnen in dieser

Hinsicht zwei Möglichkeiten: Sie können direkt einen von Ihnen bereits geposteten Beiträge bewerben. Dafür suchen Sie einfach auf der Startseite den gewünschten Beitrag heraus und klicken auf „Beitrag bewerben".

Der einfachste Weg, Werbeanzeigen zu schalten

Sie werden feststellen, dass dieser Weg sehr schnell und einfach funktioniert. Allerdings kann ich Ihnen jetzt schon sagen: Dieser Weg wird nur sehr selten zum Erfolg führen. Deshalb rate ich Ihnen sehr stark davon ab, auf diese Art und Weise Ihre bezahlten Anzeigen auf Facebook zu schalten.

Der zweite Weg bei Facebook Business Suite befindet sich in der linken Tool-Bar. Dort wählen Sie „Werbeanzeigen" aus. Danach können Sie rechts oben auf „Werbeanzeige erstellen" klicken.

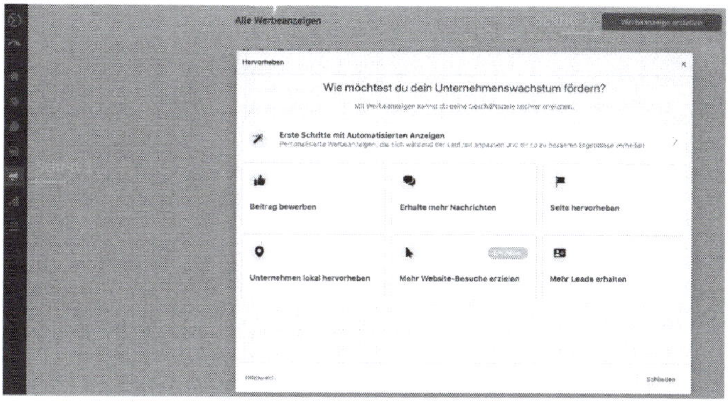

Der einfache Weg, Werbeanzeigen zu schalten

Nun erhalten Sie die Möglichkeit aus mehreren Marketingzielen, das passende Ziel für Ihre Kampagne auszusuchen. Meine Empfehlung an Sie: Diese Möglichkeit sollten Sie auch nicht unbedingt in Erwägung ziehen, außer wenn Ihnen der Erfolg und die Profitabilität Ihrer Anzeigen egal ist. Schauen wir uns deshalb den dritten Weg an.

Dafür klicken Sie auf der Seite „Werbeanzeigen" nicht auf „Werbeanzeige erstellen" wie beim zweiten Weg, sondern auf den weiterführenden Link „**Werbeanzeigenmanager**".

Bevor wir uns genauer mit dem Werbeanzeigenmanager befassen, sollten Sie unter „Business Tools" (linke Toolbar, Symbol mit 9 Punkten) und dann unter „Werbekonto-Einstellungen" Ihr Konto zunächst auf der linken Seite einrichten. Auf der rechten Seite finden Sie eine ziemlich wichtige Einstellung („Attribution"), um später Ihre Ergebnisse bei der bezahlten Werbung besser auswerten zu können. Und zwar handelt es sich hierbei um die Dauer der Berücksichtigung einer durch Werbeanzeigen hervorgerufenen und gewünschten Handlung durch einen Nutzer.

Beispiel: Wenn ein Nutzer eine Werbeanzeige sieht und innerhalb eines Tages bei einem Ihrer organischen Beiträge auf Ihren Link klickt, dann würde bei der Standardeinstellung (1 Tag), dieser Klick mit in die Statistik der Werbeanzeige aufgenommen werden. Bei den 28 Tagen nach dem Klick, wird nicht nur das „Ansehen" der Anzeige verfolgt, sondern ebenfalls der Klick auf Ihre Werbeanzeige, um zum Beispiel zu Ihrer Webseite zu gelangen. Wenn der Nutzer innerhalb von 28 Tagen erneut auf Ihre Website durch z. B. Ihren hinterlegten Link auf Ihrer Facebook-Seite kommt und ein Produkt erwirbt, würde dieser ebenfalls in die Statistik einfließen. Dieser verlängerte Zeitraum für die Statistik ist deshalb wichtig, weil ein Kunde mehrere Kontaktpunkte benötigt, bis es zu einem Kauf kommt. Hätte allerdings der Kunde den ersten Kontaktpunkt durch die Werbeanzeige nicht gehabt, wäre es im Endeffekt auch nicht zum Kauf gekommen. Ich empfehle Ihnen diese Einstellung am Anfang auf der Standardeinstellung zu lassen und später bei fortgeschrittenen Kampagnen anzupassen. Dafür können Sie bei jeder Kampagne (unter den

Kampagneneinstellungen) andere Einstellungen auswählen.

Richten wir unsere Aufmerksamkeit nun wieder dem Werbeanzeigemanager.

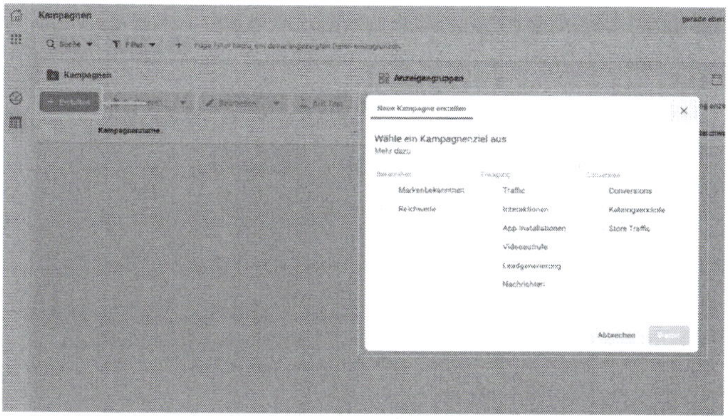

Der optimale Weg, Anzeigen zu schalten

Wie Sie sehen können, haben Sie eine viel breitere Auswahl an Marketingzielen.

Wofür werden Marketingziele benötigt?

Facebook besitzt neben einem Algorithmus für organische Beiträge ebenfalls einen Algorithmus für bezahlte Beiträge. Damit Facebook weiß, welchen Nutzern es Ihre Werbung ausstrahlen sollte, benötigt es eine generelle Ausrichtung. Wenn es Ihnen darum geht, dass Sie so viele Verkäufe wie möglich in Ihrem Online-

Shop erzeugen, sollten Sie die entsprechende Ausrichtung wählen. So wird Facebook Nutzer aussuchen, die mit einer hohen Wahrscheinlichkeit etwas kaufen werden. Nach dieser Ausrichtung optimiert sich ebenfalls der Algorithmus bei Ihrer Werbeanzeige.

Zusätzlich stehen Ihnen je nach Marketingziel verschiedene Methoden und Werkzeuge für Ihre Werbeanzeigen bereit. Der CTA-Buttontext hängt ebenfalls von der Ausrichtung ab.

Was sind Marketingziele?

Marketingziele sind in diesem Zusammenhang erwünschte Handlungen, die Sie durch eine Werbeanzeige beim Nutzer erreichen wollen. Lassen Sie uns gemeinsam die Liste durchgehen.

Die Marketingziele werden in drei Hauptkategorien unterteilt: „Bekanntheit", „Erwägung" und „Conversion".

Bei **„Bekanntheit"** geht es insbesondere darum, dass durch eine Werbeanzeige Ihr Produkt oder Ihr Unternehmen generell an Sichtbarkeit dazugewinnt. Dabei steht es nicht im Vordergrund, dass ein Nutzer unbedingt aktiv mit Ihnen in Kontakt tritt oder ein Produkt erwirbt. Unterschieden wird in zwei verschiedene Möglichkeiten. „Reichweite" ist darauf ausgerichtet Sie im „Massenmarkt" zu platzieren. Bei

„Markenbekanntheit" geht es darum, dass Nutzer Ihre Marke im Kopf behalten. Somit wird die potentielle Zielgruppe eingeschränkt. Nämlich auf die Personen, die einer Marke lange treu bleiben.

Diese Kampagnenausrichtung kann sehr großen Unternehmen mit einer bereits bestehenden Bekanntheit als eine zusätzliche und allgemeine Marketingmaßnahme empfohlen werden. Da solche Unternehmen nicht nur ein Produkt bzw. Dienstleistung anbieten, lohnt es sich für diese Unternehmen eine generelle Bekanntheit zu erweitern und Nutzer weiter an die Marke zu binden.

Ein weiterer Anwendungsfall dieser Ausrichtung wären Hersteller, die Ihr Produkt über Groß- bzw. Einzelhandel verkaufen und keinen eigenen Vertriebsweg besitzen. So können Sie sich und Ihre Produktpalette in der breiten Masse vermarkten.

Wenn es Ihnen allerdings darum geht, mit dem Marketing direkt nachverfolgbare Umsatzsteigerungen zu generieren, wird Ihnen diese Ausrichtung nicht wirklich weiterhelfen.

„Erwägung" hat zum Ziel, dass Nutzer mit Ihrer Werbeanzeige interagieren. Das kann ein Klick auf den Link, das Versenden einer Nachricht im Messenger oder per Whatsapp, das Anschauen eines Videos, das Hinterlassen eines Likes oder das Kommentieren eines Beitrages sein.

Diese Ausrichtung eignet sich vor allem für Unternehmer und Selbstständige, die eine Dienstleistung verkaufen und noch am Anfang Ihres Online-Marketing Auftritts stehen. Das heißt: keine facebook-externe Website oder Landing-Page. In diesem Fall macht es Sinn seine Kampagnen auf „Nachrichten" zu optimieren. So kann der Kunde direkt mit Ihnen in Kontakt treten, damit Sie mit ihm z. B. eine kostenlose Telefonberatung vereinbaren können.

Ebenfalls kann diese Ausrichtung von bereits etablierten Unternehmern und Selbstständigen oder von Online-Shop-Betreibern als Vorstufe der eigentlichen Hauptkampagne verwendet werden. Sie können das Marketingziel „Interaktion" nutzen, um für Ihre Anzeige Likes zu sammeln. Diese Likes dienen als Social Proof, damit Nutzer bei der Hauptkampagne mit einer höheren Wahrscheinlichkeit die erwünschte Handlung ausführen.

„Conversion" ist die interessante Ausrichtung für Selbstständige und Unternehmer. Als Ziel steht hier nämlich an erster Stelle, dass der Kunde einen Kauf ausführt. So können Sie am besten die Auswirkung von bezahlter Werbung auf Ihren Umsatz messen und kontrolliert steigern.

Wenn Sie ein Produkt oder Dienstleistung über Ihre Website anbieten bzw. verkaufen, dann empfiehlt es sich für Sie „Conversions" als Ziel auszusuchen.

Wenn Sie gewisse Produkte aus Ihrem Shop

hervorbringen wollen, dann können Sie diese über die Ausrichtung „Katalogverkäufe" durchführen.

Wenn sie ein Offline-Angebot pflegen, dann sollten Sie „Store Traffic" als Ziel aussuchen. Wobei Sie sich hier bewusst sein müssen, dass dieser Weg am wenigstens kontrollierbar ist. Wenn Sie zum Beispiel ein lokales Restaurant betreiben, dann macht es durchaus Sinn, den Kunden über Ihre Website zu einer Online-Tischreservierung zu lenken und das unter „Conversions" laufen lassen.

1. Wählen Sie Ihr Marketingbudget aus

Wie viel können bzw. wollen Sie am Anfang in bezahlte Werbung investieren? Sie sollten nämlich nicht zu wenig Budget einplanen, da Sie sonst gar nicht oder eben nur bis das Budget aufgebraucht wird angezeigt werden. Auf der anderen Seite sollten Sie am Anfang nicht nach dem Motto „Viel hilft viel" vorgehen. Bevor Sie nicht ein kontrollierbares und profitables System etabliert haben, empfiehlt es sich auf keinen Fall mit zu viel Kapital reinzugehen.

Tasten Sie sich also ran. Setzen Sie zunächst ein Budget im niedrigen 3-stelligen Bereich pro Monat an (10-20 € am Tag) und verfolgen Sie regelmäßig Ihre Ausgaben. Wenn das Budget kurz davor ist aufgebraucht zu werden, dann erhöhen Sie es.

Wichtig: Sie sollten dem Algorithmus und der

Auswertung des Erfolges einer Kampagne etwas Zeit lassen. Wie im vorherigen Kapitel besprochen, müssen Sie einer Kampagne bzw. Werbung ca. 4 Wochen Zeit geben, bis Sie valide Ergebnisse vorliegen haben werden.

Wichtig zu wissen: Ihr Budget muss nicht unbedingt täglich ausgeschöpft werden. Wenn Sie Ihr Gebot zu niedrig einstellen, dann kann es unter Umständen vorkommen, dass Ihre Anzeige gar nicht ausgestrahlt wird.

Sie können Ihr Budget und somit auch die zeitliche Ausstrahlung Ihrer Werbeanzeige terminieren. Wenn Sie z. B. eine zeitliche Aktion vermarkten, die bis zu einem festen Tag geht.

Für die optimale Auswahl Ihres Marketingbudgets sollten Sie ebenfalls die Funktionsweise von Facebookwerbung verstehen. Bei Facebookwerbung liegt wie bei anderen Social Media Plattformen ein Auktionsprinzip bei der Ausstrahlung der Werbung aus. Wenn verschiedene Werbetreibende auf eine bestimmte Zielgruppe Ihre Werbung schalten möchten, dann muss sich Facebook entscheiden, welche Werbung bevorzugt angezeigt wird. Hierbei spielt die Gebotshöhe der einzelnen Konkurrenten eine wichtige Rolle. Je höher Ihr Gebot ist, desto höher ist die Wahrscheinlichkeit, dass Ihre Werbung (weiter oben) ausgespielt wird.

Auf der gleichen Seite weiter unten („Optimierung und

Auslieferung") können Sie zur Gebotshöhe verschiedene Limits setzen. Die Auswahl der Limits hängt unter anderem von dem ausgewählten Marketingziel ab, sodass nicht unbedingt immer alle Arten der Begrenzung vorhanden sein werden.

Bei der **Kostenbegrenzung** legen Sie fest, wie viel das gewünschte Ziel von Ihnen kosten darf. Wenn Sie also als Marketingziel „Conversions" ausgewählt haben, geben Sie in diesem Fall Facebook eine Begrenzung für die Durchschnittskosten, um einmalig das gewünschte Ziel (eine Conversion) zu erreichen.

Beispiel: Wenn Sie ein Tagesbudget von 20,00 € ausgewählt haben und eine Kostenbegrenzung von 5 € pro Gebot abgeben, dann wird Facebook versuchen im Durchschnitt 4 Conversions am Tag zu erreichen. Das heißt ein Gebot kann unter Umständen 10 € aber auch 2 € kosten. Im Durschnitt werden allerdings die 5 € anvisiert.

Bei der **Gebotsbegrenzung** geben Sie Facebook eine konkrete Vorgabe, wie viel maximal **ein** Gebot kosten darf. Das heißt die Gebotshöhe kann auch unter der Gebotsbegrenzung liegen, aber nicht darüber.

Beispiel: Wenn wir bei den gleichen Zahlen wie im obigen Beispiel bleiben, dann werden unter Umständen mehr als 4 Conversions erreicht, da bei keinem Gebot die 5 € - Marke überschritten wird. Allerdings besteht bei dieser Variante die Gefahr, dass Ihre Werbung nicht ausgestrahlt wird, da Ihre Gebotsbegrenzung unter Umständen zu gering ausfallen kann.

Bei den **Zielkosten** geben Sie Facebook vor, welche Summe Sie auf einer konstanten Basis im Durchschnitt für ein Gebot ausgeben möchten. Hierbei wird von Facebook das Ziel verfolgt Ihnen eine bessere Planbarkeit in Form von konstanten Ausgaben zu ermöglichen. Diese Art der Begrenzung ähnelt sehr der Kostenbegrenzung. Aus diesem Grund wird die Möglichkeit „Zielkosten" bald von Facebook abgeschafft werden.

2. Suchen Sie sich Ihre Zielgruppe aus

Sie können eine neue Zielgruppe erstellen oder eine bereits gespeicherte Zielgruppe verwenden.

Wenn Sie eine neue Zielgruppe erstellen möchten, dann stehen Ihnen 3 Möglichkeiten zur Verfügung.

1. Erstellen Sie eine Zielgruppe anhand der Statistiken und Auswertungen von Facebook. Dafür empfiehlt es sich das Tool „**Audience Insights**" zu verwenden. Dort können Sie Ihre Zielgruppe abspeichern und dann über gespeicherte Zielgruppen im Werbeanzeigenmanager auswählen.

2. Erstellen Sie eine Custom Audience anhand von vorhandenen Kundendaten. Hier stehen Ihnen

sehr viele nützliche Möglichkeiten zur Verfügung. Bei der Einreichung einer Kundenliste müssten Sie allerdings im Vorfeld eine Zustimmung Ihrer Kunden über die direkte Targetierung einholen. Am besten Sie informieren sich bei einem Datenschutzexperten bzgl. Dem Umgang mit personenbezogenen Daten. Eine Custom Audience sollten Sie immer dann erstellen, wenn bei Ihnen bereits Ihre „Traumkunden" eingekauft haben. So können Sie nämlich mit Leichtigkeit mithilfe des Facebook-Algorithmus weitere identische Kunden anziehen. Dafür können Sie ebenfalls einen „Facebook-Pixel" verwenden. Was das ist und wie Sie es für sich ausnutzen, erfahren Sie zu einem späteren Zeitpunkt in diesem Buch.

3. Erstellen Sie eine Look-a-Like Audience aus Ihren früheren Kampagnen. Dafür müssten Sie bereits Kampagnen und Anzeigen geschalten haben. Wenn eine Ihrer Kampagnen erfolgreich gelaufen ist, dann können Sie diese Daten für weitere Kampagnen und Anzeigen benutzen.

3. Wählen Sie Ihre Platzierungen aus

Bei Facebook können Werbeanzeigen an verschiedenen Plätzen angezeigt werden. Dazu zählt zum Beispiel der Feed oder der Messenger. Innerhalb des Feeds haben Sie ebenfalls verschiedene Möglichkeiten, um Ihre Anzeige zu platzieren.

Zur Auswahl der Platzierung bietet Ihnen Facebook zwei Möglichkeiten. Sie können zum einen eine automatische Platzierung aussuchen und zum anderen eine manuelle Platzierung. Automatische Platzierungen bieten sich an, wenn Sie erst frisch mit Werbeanzeigen beginnen. So können Sie nämlich am besten Daten zur Auswertung sammeln, um so bei weiteren Kampagnen dann manuelle Platzierungen optimaler zu gestalten.

4. So Sollte Ihr Design der Werbeanzeige gewählt sein

Sie haben verschiedene Möglichkeiten, Ihre Werbeanzeige zu gestalten. Sie können ein einzelnes Bild oder Video, ein Carousel (2 Bilder/Videos oder mehr) oder eine Collection (eine Collage für die mobile Ansicht) für Ihre Anzeige auswählen.

Hier empfiehlt es sich, das ganze so simpel wie möglich zu halten, damit der Nutzer im Endeffekt nicht von der eigentlichen Handlung (auf den Link klicken) abgehalten wird. Deshalb sollte ein einzelnes Bild oder Video für

99% der Anwendungsfälle mehr als ausreichen.

Da mittlerweile über 90% der User sich mit Ihrem Smartphone bei Facebook einloggen, sollten Sie überlegen ob Sie eine „Instant Experience" hinzufügen. Das erhöht die Sichtbarkeit und Aufmerksamkeitspanne Ihrer Anzeige durch Smartphone-Nutzer.

Wann sollten Sie ein Video und wann ein Bild verwenden? Das ist leider nicht pauschal benennbar. Klar ist, dass bei einem erklärungsbedürftigen Angebot, ein Video früher oder später im Marketing-Funnel auftauchen sollte. Generell gilt, dass bei einem Video mehr Emotionen übertragen werden können, als bei einer Bildanzeige. Allerdings haben Personen nicht immer die Möglichkeit mit Ton etwas abspielen zu lassen. Deshalb würde in diesem Fall Ihre Anzeige übersehen werden. Somit sollten Sie auf jeden Fall das A/B-Testing durchführen, um für Sie die beste Alternative ausfindig zu machen. Allerdings spricht ebenfalls nichts dagegen, verschiedene Anzeigen parallel laufen zu lassen, damit der Nutzer nicht immer wieder mit der gleichen Anzeige konfrontiert wird. Was generell für jede Art der Anzeige gilt: Sie sollte die Aufmerksamkeit eines Nutzers auf sich ziehen, damit dieser stoppt und sich das Video oder das Bild anschaut bzw. den Beitragstext liest.

Der Beitragstext ist ein sehr grundlegendes Element für den Erfolg Ihrer Anzeigen. Dieser sollte nämlich verkaufstechnisch präzise formuliert sein. Das heißt:

- ✓ Sprechen Sie das konkrete Problem bzw. die Wünsche Ihrer Zielgruppe an. Das weckt das Interesse eines Nutzers weiterzulesen.
- ✓ Zeigen Sie verständlich auf, wie Ihr Angebot in diesem Fall den Schmerz lindern bzw. die Wünsche erfüllen kann. Das weckt Interesse nach Ihrem Angebot.
- ✓ Schaffen Sie Sicherheit beim Nutzer. Das heißt benennen Sie die Vorteile Ihres Produktes, die Vision Ihres Unternehmens und eine Geschichte zu Ihrer Person. Ein Interessent kauft nämlich nur, wenn bei ihm keine Unsicherheit besteht.
- ✓ Bauen Sie mindestens einen CTA im Text ein. Das erhöht die Conversion-Quote. Wenn Sie einen kurzen Text haben, dann reicht ein CTA im Text aus. Wenn der Text über mehrere Absätze verfügt, dann fügen Sie mehrere CTAs ein. Am besten eignet es sich den CTA durch einen Smiley erkenntlich zu machen.
- ✓ Nutzen Sie Smileys, aber übertreiben Sie bitte nicht. Smileys transportieren Gefühle und Emotionen. Wenn Sie aber zu viele und vor allem unnötige Smileys (Ausrufezeichen) verwenden, werden viele Ihre Anzeige nicht als seriös bzw. ernst betrachten.

5. Das sollten Sie zum Inhalt Ihrer Anzeigen wissen

Facebooks primäres Ziel ist es die Nutzer so lange wie möglich auf der Plattform zu halten. Dementsprechend sorgt Facebook dafür, dass nur regelkonforme Beiträge erscheinen. Deshalb sollten Sie unbedingt bei der Erstellung Ihrer Anzeigen auf die Inhaltsrichtlinien von Facebook achten. Wenn Sie gegen eine oder mehrere Regeln verstoßen, dann wird Facebook Ihren Werbeaccount sperren. Das sollten Sie um jeden Preis vermeiden.

Die **Richtlinien** finden Sie hier:

https://www.facebook.com/policies/ads/

Automatische Budgetoptimierung auf Kampagnenebene

Bei den Kampagneneinstellungen haben Sie die Möglichkeit eine automatische Budgetoptimierung auf Kampagnenebene auszuwählen. Das heißt Facebook wird automatisch Ihr Budget zwischen den Werbeanzeigen allokieren. Der Hauptfaktor für die Allokation ist der Erfolg der Zielerreichung des Marketingziels einer Kampagne.

Diese Funktion ist geeignet, wenn Sie entweder noch Einsteiger im Bereich bezahlter Werbung auf Facebook sind oder Sie sehr viele parallele Kampagnen für z. B. verschiedene Produkte ausstrahlen und Ihnen die Zeit für eine manuelle Optimierung fehlt.

Facebook-Pixel

Facebook-Pixel ist ein sehr starkes Werkzeug von Facebook-Marketing, das Sie unbedingt nutzen sollten, wenn Ihre Website bzw. eine Landing-Page ein Bestandteil Ihres Marketing-Funnels ist. Es erlaubt Ihnen die Handlungen der Nutzer auf Ihrer Website bzw. Ihrer Landingpage zu tracken und zu analysieren.

Hier alle Vorteile im Überblick:

- ✓ Conversion-Tracking von Facebook, um den Erfolg Ihres Conversions-Marketingziels zu verfolgen.
- ✓ Ein Retargeting von Nutzern vorzunehmen, die auf Ihrer Seite gewesen sind, aber nicht gekauft haben. So können Sie gezielt den Inhalt Ihrer Werbeanzeigen auf diese Nutzer ausrichten.
- ✓ Eine Look-A-Like Audience anhand von kaufenden Nutzern zu erstellen. So wird Facebook Nutzern mit ähnlichen Eigenschaften Ihre Werbeanzeigen ausspielen. Das erhöht wiederum die Effektivität Ihrer Werbung.

Um den Facebookpixel einzurichten, müssen Sie lediglich einen Codeschnipsel auf Ihrer Website bzw. Landingpage verankern. Keine Sorge: Sie müssen Ihn nicht selbst programmieren. Bei der Einrichtung erhalten Sie automatisch den Code. Danach sollten Sie im Event Manager die Ereignisse einstellen, die der Facebook-Pixel messen soll.

A/B-Testing

Egal wie gut Sie Ihre Zielgruppe und deren Interesse bestimmen. Egal wie gut der Text bei der Werbeanzeige geschrieben ist. Sie werden im Vorfeld nicht zu 100 % bestimmen können, ob Ihre Anzeigen bei den Nutzern gut ankommen und es zur Conversion kommt. Deshalb sollten Sie stets ein A/B-Testing durchführen. Das heißt lassen Sie Facebook in Ihrer Kampagne zwei verschiedene Werbeanzeigen der gleichen Zeilgruppe ausspielen. Nach ca. 3-4 Wochen können Sie anhand der gesammelten Daten Rückschlüsse auf die Effizienz und Effektivität der beiden Werbeanzeigen schließen.

Ändern Sie am besten bei den Anzeigen nur eine bis höchstens zwei Variablen. Das erlaubt Ihnen, besser die Kontrolle über Ihre Anzeigen zu behalten, da Sie mit jedem Test eine Variable isoliert betrachten und nach der Wirkung bei der Zielgruppe testen können. So lernen Sie mit der Zeit, was am besten bei Ihrer Zielgruppe ankommt.

Sie können zum Beispiel bei der A-Anzeige eine Bildanzeige wählen. Bei der B-Anzeige wählen Sie das Videoformat. Sie können genauso unterschiedliche Farben, unterschiedliche Textpassagen in Ihren Werbetexten oder unterschiedlich lange Textpassagen testen. Genauso können Sie zum Testen verschiedene Landingpages verwenden.

Die Auswertung der Effektivität können Sie ebenfalls Facebook durch den „Split-Test“ überlassen. So wird Facebook automatisiert die Anzeige mit den besseren Ergebnissen ausfindig machen und öfter ausstrahlen.

Diese Strategien sollten Sie wählen, um erfolgreiche und profitable Werbeanzeigen zu schalten

Zielgruppenausrichtung

Sie müssen die Sprache der Zielgruppe sprechen. Dafür müssen Sie verstehen, dass jede Personengruppe eine andere „Sprache" spricht, andere Werte vertritt und andere Probleme hat, die sie zum Kaufen bewegt. Wenn Sie also verschiedene Zielgruppen mit Ihrem Produkt oder Ihrer Dienstleistung ansprechen, dann setzen Sie für jede dieser Zielgruppen eine eigene Werbeanzeige in Ihrer Kampagne ein und richten Sie Ihre Kommunikation spezifisch nach der Sprache, den Werten, den Problemen und den Wünschen der Zielgruppe ein.

Breit zu scharf

Wenn Sie sich nicht sicher sind, welche Interessen oder ähnliches Ihre Zielgruppe aufweist, dann sollten Sie zunächst Ihre Anzeigen auf eine breitere Zielgruppe schalten. Je mehr Daten Sie sammeln können, desto genauer können Sie nach und nach Ihre Werbung spezifizieren. Dafür können Sie ebenfalls die Look-A-Like Audience von Facebook verwenden.

Nutzen Sie ebenfalls die Auswertungen von anderen Social Media Kanälen (Instagram, Google Analytics...), um erste Anhaltspunkte über Nutzer zu erhalten, die sich für Ihre Inhalte interessieren.

Genauso können Sie von Beginn an gewisse Merkmale oder Eigenschaften von Nutzern bei der Erstellung Ihrer Werbeanzeigen auf Facebook ausschließen. Das sollten Merkmale und Eigenschaften sein, bei denen Sie sich zu 100 % sicher sind, dass Sie nicht bei Ihrer Zielgruppe auftreten.

Investieren Sie um zu ernten

Es ist normal, dass Sie am Anfang etwas Geld in Werbung investieren werden, ohne dass Sie unbedingt direkt einen Erfolg verzeichnen werden. So ist es nun mal mit Werbung. Es braucht etwas Zeit, bis Sie den Dreh raushaben und profitable Anzeigen schalten werden. Wenn Sie aber nicht beginnen, auf Social Media die Werbung zu schalten, dann wird es weitaus schlimmere Folgen für Sie haben. Ihre Konkurrenz wird Sie nämlich abhängen.

Vernachlässigen Sie nicht Ihren organischen Auftritt

Wie wir bereits kennengelernt haben, benötigt ein Interessent unter Umständen mehrere Kontaktpunkte, um Ihr Kunde zu werden. Deshalb werden nicht alle

Nutzer sich direkt nach dem ersten Ansehen Ihrer Werbeanzeige für einen Kauf entscheiden. Es besteht allerdings eine hohe Wahrscheinlichkeit, dass diese Nutzer Ihre Facebookseite liken, um neuste Informationen und Tipps zu erhalten. Aus diesem Grund sollten Sie auf keinen Fall Ihren organischen Online-Auftritt vernachlässigen.

Seien Sie auf verschiedenen Social Media Kanälen präsent.

Vergessen Sie nicht, dass viele Personen nicht nur einen Social Media Kanal (Facebook) nutzen, sondern mehrere. Dazu zählen z. B. Instagram, Tinder, Snapchat und so weiter. So erhöhen Sie Ihre Chancen öfters gesehen zu werden und so Ihre Verkäufe zu maximieren.

Keep it simple – Vermeiden Sie unnötige Komplexität.

Sie sollten auf jeden Fall unnötige Komplexität vermeiden.

Immer wieder sehe ich bei Kunden, dass Sie den richtigen Schritt Richtung bezahlter Facebook-Werbung wagen. Allerdings begehen Sie den Fehler der Ungeduld, der in den meisten Fällen in einer unnötigen Komplexität Ihrer Werbekampagnen resultiert. Diese führt aber nur noch zu mehr Chaos, da dieser Chaos nicht mehr kontrollierbar ist. Unter Komplexität meine ich, wenn Sie dieselbe Zielgruppe, die sich im gleichen Punkt in Ihrem Marketingfunnel befindet, mit mehreren unterschiedlichen (alles mehr als 3) Werbeanzeigen und Kampagnen gleichzeitig ansteuern. Das sorgt nur für Verwirrung beim Nutzer, da er dann Ihre Marketingbotschaft nicht transparent erkennen wird. Deshalb gilt bei Werbeanzeigen: Keep it simple. Setzen Sie Ihnen im Vorfeld eine Strategie und ziehen Sie diese durch. Am besten eignet es sich zu Beginn immer mit einer Werbekampagne in Verbindung mit A/B-Testing zu starten.

Optimieren Sie wochenweise Ihre Werbeanzeigen

Es macht keinen Sinn täglich in Ihr Dashboard zu schauen und Ihre Werbeanzeigen zu analysieren. Auf der anderen Seite dürfen Sie sie natürlich nicht aus dem Auge lassen. Ich empfehle Ihnen am Anfang erst nach 3-4 Wochen reinzuschauen und evtl. Kleinigkeiten anzupassen. Danach können Sie gerne wochenweise Ihre Anzeigen optimieren, sodass Sie zum gewünschten Ergebnis kommen. Welche Kennzahlen für Sie wichtig sind und wie Sie diese anpassen, erfahren Sie im nächsten Kapitel.

Diese Kennzahlen verraten Ihnen den Erfolg Ihrer Werbung und so optimieren Sie diese

Die absolute Summe Ihrer Werbeausgaben ist nichtssagend. Am Ende des Tages wollen Sie mit Werbeanzeigen auf Social Media ein System etablieren, bei dem Sie x € in Werbung investieren und sicher sagen können, dass Sie y*x € damit erzielen. Deshalb gilt es einige Kennzahlen zu kennen, sie auszuwerten und zu optimieren.

- ✓ Impressionen und Reichweite
- ✓ CTR (Click-Through-Rate)
- ✓ Ergebnisrate
- ✓ Cost per Conversion (Kosten pro Ergebnis)
- ✓ ROAS (Return on Advertising Spend)

Impressionen und Reichweite

Was die Kennzahlen Impressionen und Reichweite sind, haben wir bereits im Kapitel zum organischen Wachstum behandelt.

Wieso sind diese Kennzahlen bei bezahlten Werbeanzeigen wichtig?

Wenn Ihr Budget nicht ausgegeben wird, dann werden Sie das zum einen daran sehen, dass Sie keine Anfragen generieren. Zum anderen werden Sie das an einer niedrigen und nicht steigenden Impressionen- und Reichweitenanzahl sehen. Genauso wenn Ihre Reichweite bzw. Ihre Impressionen plötzlich einbrechen. Bei beiden Punkten liegen die folgenden Dinge zugrunde:

- ✓ Ihr Gebot ist zu gering, sodass Ihre Werbung nicht ausgestrahlt wird. In diesem Fall sollten Sie Ihre Gebotshöhe bzw. Ihr Budget erhöhen.
- ✓ Facebook stuft Ihre Anzeigen als nicht relevant für die targetierte Zielgruppe ein. Bei diesem Fall sollten Sie überprüfen, ob Ihre Inhalte ansprechend für die Zielgruppe sind.

CTR (Click-Through-Rate)

Die Click-Trough-Rate oder kurz CTR gibt Ihnen das Verhältnis zwischen der Interaktion bzw. den Klicks auf Ihre Anzeige (abhängig von ihrem Marketingziel) und den Impressionen an

$$\frac{Anzahl\ Interaktionen\ bzw. Clicks}{Anzahl\ Impressionen} = CTR$$

Je höher der CTR desto besser. Leider ist eine pauschale Aussage in Bezug auf die perfekte Höhe nicht möglich, da sie abhängig von Ihrem Marketingziel, Ihrem Angebot, Ihrer Nische, Ihrer Marge usw. ist.

Wenn der CTR sehr gering ist, dann sollten Sie Ihre Werbeanzeige unter die Lupe nehmen, denn das Bild oder das Video, der Beitragstext oder der CTA konvertieren nicht. Das heißt analysieren Sie diese Dinge. Ändern Sie dabei am besten nur eine Variable und schauen Sie wie sich der CTR weiterentwickelt.

Steigt der CTR, dann haben Sie alles richtig gemacht.

Sinkt er, dann haben Sie auf jeden Fall die falsche Variable verändert und sollten diese zurücksetzen und eine andere ändern.

Bleibt der CTR gleich, dann wissen Sie ebenfalls, dass Sie die falsche Variable geändert haben. Sie können die geänderte Variable beibehalten oder wieder zurücksetzen.

Wenn Sie alle Variablen geändert haben und der CTR sich nicht ändert, dann sollten Sie sich Gedanken zu Ihrer Zielgruppe machen. Passt Ihr Angebot zum Problem Ihrer Zielgruppe?

Ergebnisrate

Vorab: Wenn Ihr Ergebnis mit einem Klick auf die Werbeanzeige vollendet ist, dann spielt die Kennzahl keine Rolle für Sie.

Wenn Ihr Marketing-Funnel daraus besteht, die Nutzer auf eine Website oder eine Landingpage zu leiten, damit Sie sich dort z. B. für eine Beratung eintragen oder über

Ihren Online-Shop etwas bestellen, dann sollten Sie die Ergebnisrate näher betrachten. Dafür sollten Sie ebenfalls den CTR zur Auswertung hinzuziehen.

Die Ergebnisrate gibt Ihnen das Verhältnis zwischen den Impressionen und dem gewünschten Ergebnis Ihrer Anzeige (in Bezug auf das Marketingziel).

$$\frac{Anzahl\ der\ Ergebnisse}{Anzahl\ Impressionen} = Ergebnisrate$$

Je höher die Ergebnisrate desto besser. Leider ist eine pauschale Aussage in Bezug auf die perfekte Höhe nicht möglich, da sie abhängig von Ihrem Marketingziel, Ihrem Angebot, Ihrer Nische, Ihrer Marge usw. ist.

Wenn Ihr CTR hoch genug, aber Ihre Ergebnisrate sehr gering ist, dann hat das zur Folge, dass Ihre Werbeanzeige auf Facebook zwar funktioniert, allerdings stimmt der restliche Prozess im Marketing-Funnel nicht. Deshalb sollten Sie die folgenden Gegenmaßnahmen treffen:

- ✓ Analysieren Sie den Prozess der Konvertierung auf Ihrer Website. Wird der Kunde von A nach B (Ergebnis) ohne Umwege und verständlich geleitet?
- ✓ Sind Ihre Texte verkaufstechnisch optimiert? Sprechen Sie also klar verständlich das Problem

an und präsentieren Sie dementsprechend richtig Ihr Angebot? Schaffen Sie Knappheit und einen „Zeitdruck", damit der Kunde sofort handelt?

- ✓ Haben Sie genügend CTAs eingebaut?
- ✓ Schaffen Sie genügend Sicherheit beim Nutzer? Dazu zählen: Rezensionen, Fallstudien usw.

Cost per Conversion (Kosten pro Ergebnis)

Bei den Kosten pro Ergebnis bzw. Conversion handelt es sich um einen durchschnittlichen Wert, den Sie pro erfolgreicher Conversion zahlen.

In anderen Worten: Wie viel zahlen Sie pro Kunde für eine Kundenanfrage (wenn das Ziel von Facebookwerbung eine Eintragung auf Ihrer Website ist) oder einen Kauf (wenn das Ziel der Verkauf eines Produktes im Onlineshop ist).

Somit stellt es eine der wesentlichen Kennzahlen dar, um über den Erfolg Ihrer Werbung zu urteilen.

Wenn es sich bei Ihnen bei der Conversion um einen direkten Verkauf handelt, dann können Sie hier genau feststellen, ob und in welchem Verhältnis Ihre Werbung profitabel läuft. Wenn Ihre Produkte im Durchschnitt eine Marge nach allen anderen variablen Kosten von 1€ abwerfen, Sie aber 2€ pro Conversion für Facebookwerbung bezahlen, dann müssen Sie auf jeden

Fall Ihre Ergebnisrate und Ihren CTR erhöhen, sonst werden Sie nicht profitabel sein.

Wenn bei Ihnen eine Conversion zunächst nur eine Kundenanfrage darstellt, dann sollten Sie weitere Daten sammeln. Und zwar wie viele Kundenanfragen am Ende zu zahlenden Kunden führen. Wenn Sie die Kundenanfragen nur in einem geringen Verhältnis abschließen, sollten Sie auf jeden Fall Verkaufen üben und Ihr Verkaufsgespräch optimieren. Wenn Ihre Abschlussquote von Kundenanfrage zum Kunden hoch ist, sie aber nicht profitabel sind, dann sollten Sie Ihre Ergebnisrate und Ihren CTR erhöhen, damit Sie profitabel werden.

Wenn Sie in der Hinsicht nicht weiter optimieren können, sollten Sie dann versuchen Ihren ROAS zu steigern. Was der ROAS ist, erfahren Sie im nächsten Kapitel.

ROAS (Return on Advertising Spend)

Der ROAS, also Return on Advertising Spend, zeigt das Verhältnis zwischen dem durch Werbung generierten Umsatz und die ausgegebenen Werbekosten an.

$$\frac{Umsatz}{Werbekosten} = ROAS$$

Ihr langfristiges Ziel sollte sein, den ROAS so hoch wie möglich zu halten. Der ROAS gibt im Endeffekt an, wie viel Sie mit 1€ Werbebudget an Umsatz in € generieren.

Um den ROAS zu erhöhen bieten sich für Sie zwei Möglichkeiten an:

a. Bei gleichbleibendem Umsatz die Werbekosten senken.

b. Bei gleichbleibenden Werbekosten den Umsatz steigern. Oder: Die Umsatzsteigerungen sollten zumindest in einem höheren Verhältnis steigen.

Variante a. sollte bei Ihnen erst weiter betrachtet werden, wenn Sie Ihren Marktanteil in einem Marktsegment nicht mehr weiter durch größere Werbeausgaben steigern können. Dann sollten Sie bei gleichbleibendem Umsatz die Werbekosten senken. Oder sie erschließen neue Marktsegmente.

Variante b. sollten Sie somit nutzen, wenn Ihr Marktanteil in einem Marktsegment noch nicht vollständig ausgeschöpft ist. Ein Zeichen dafür, dass Sie zu Variante a. wechseln sollten, liegt normalerweise vor, wenn eine Erhöhung der Werbeausgaben nicht mehr zu einem überproportionalen Umsatzwachstum führt.

Bonuskapitel: 1:1 umsetzbare Facebook-Ads Schablonen

Im folgenden Bonuskapitel erhalten Sie vier verschiedene Facebook-Ads Schablonen, die Sie gerne 1:1 für Ihren Marketing-Funnel übernehmen können. Diese haben sich in der Praxis als sehr erfolgreich erwiesen. Wenn Ihr Business nicht ganz genau unter einer der aufgeführten Schablonen passt, dann können Sie gerne Elemente kombinieren, damit sie zu Ihrem Sachverhalt passt.

A) Nicht-erklärungsbedürftige Dienstleistung

Definition: Unter nicht-erklärungsbedürftigen Dienstleistungen werden Dienstleistungen zusammengefasst, die einfach und eindeutig sind. Sie sind so eindeutig, dass der Interessent zuvor keine ausführliche Beratung benötigt, um sie zu durchdringen. Meistens ist diese Art Dienstleistung im Niedrigpreissegment (bis 250€) einzuordnen.

Beispiele: Massagen, Haarschnitt, Maniküre, Gastronomie (Restaurants)

Schablone 1: *Nicht-erklärungsbedürftige DL*

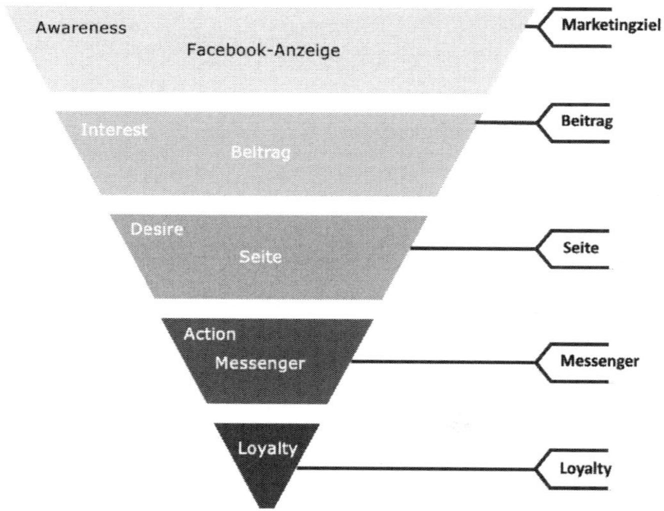

Nachrichten über den Messenger

A - Bild von Ihnen in Ihrem „Laden" und Ihren Mitarbeitern. Im Hintergrund lassen sich Zertifikate erkennen.

B - ein Video von Ihnen mit Ausschnitten, wie Sie gerade die Dienstleistung durchführen und einer Tonspur in der Sie sich vorstellen und einige Worte über sich und Ihr Unternehmen erzählen.

Achten Sie auf eine professionell gestaltete Facebookseite.
Im Titelbild sollten auf den ersten Blick Ihre positiven Rezensionen (Trustpilot/Proven Expert) sichtbar sein. In Ihrem Feed sollten einige aktuelle Beiträge vorhanden sein, die zentrale Vorteile Ihrer Dienstleistung schildern.

Der Messenger wird automatisch nach dem Anklicken der Werbeanzeige geöffnet. Dort können Sie Fragen für den Interessenten vorformulieren. Das sollten Sie auf jeden Fall tun, um die Handlungsschwelle zu reduzieren.

Sie sollten sowohl Online- als auch Offline-Maßnahmen zur Aufrechterhaltung der Kundenbindung einführen. Bei den Online-Maßnahmen sollten Sie immer stets präsent auf Social Media bleiben.

B) Erklärungsbedürftige Dienstleistung oder Produkte (standardisiert)

Definition: Unter standardisierten erklärungsbedürftigen Dienstleistungen werden Dienstleistungen zusammengefasst, die für den Interessenten auf den ersten Blick nicht ins Detail durchdringbar sind. Allerdings muss die Dienstleistung von Ihrer Seite nicht extra an den Kunden angepasst werden. Meistens ist diese Art Dienstleistung oder Produkt im Mittelpreissegment (250€ bis 1000€) einzuordnen.

Beispiele: Digitale Informationsprodukte bestehend aus einem Videokurs, Standardsoftware

Schablone 2: *Erklärungsbedürftige DL und Produkte (standardisiert)*

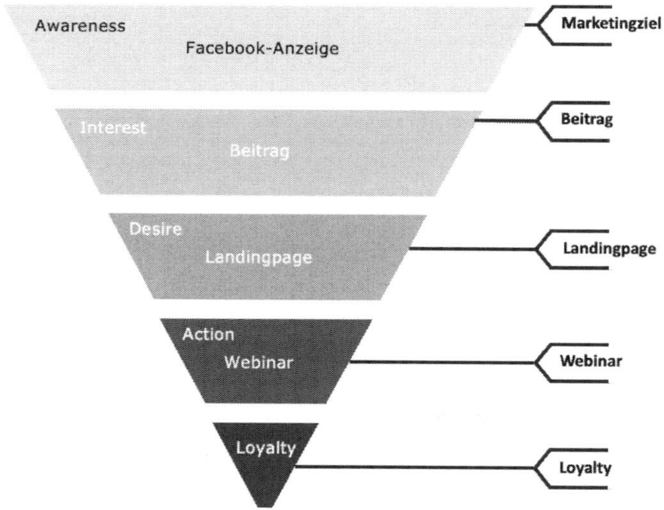

Conversions

A – Bild: von Ihnen in Ihrem Office. Achten Sie auf seriöses Auftreten. Sie können entweder mit der Größe Ihres Büros oder Auszeichnungen das Interesse wecken.

B – Video: wie Sie in Ihrem Office zur DL und Ihrem Unternehmen einige Worte abgeben. Achten Sie auf einen ungewöhnlichen Anfang.

Leiten Sie die Interessenten auf eine Landingpage auf der Sie vor allem weiter Ihr Unternehmen vorstellen und zum Beispiel durch Fallstudien überzeugen. Am Ende sollen sich die Interessenten für ein Webinar eintragen, um Sie im Detail über Ihre DL zu informieren.

Gestalten Sie das Webinar so, dass der Interessent auf der emotionalen Ebene getriggert wird. Am Ende des Webinar machen Sie dem Kunden für die nächste Stunde ein limitiertes Angebot das Ihr Kunde direkt über die Website buchen kann. Sie können hierzu Digistore oder Shopify nutzen.

Sie sollten sowohl Online- als auch Offline-Maßnahmen zur Aufrechterhaltung der Kundenbindung einführen. Bei den Online-Maßnahmen sollten Sie immer stets präsent auf Social Media bleiben.

C) Erklärungsbedürftige Dienstleistung (individuell)

Definition: Unter erklärungsbedürftigen Dienstleistungen werden Dienstleistungen zusammengefasst, die für den Interessenten auf den ersten Blick nicht ins Detail durchdringbar sind. In diesem Fall muss die Dienstleistung extra an den Kunden und sein Problem angepasst werden. Meistens ist diese Art Dienstleistung im Hochpreispreissegment (ab 2.000€) einzuordnen.

Beispiele: Coachings, Agenturdienstleistungen

Schablone 3: *Erklärungsbedürftige DL (individuell)*

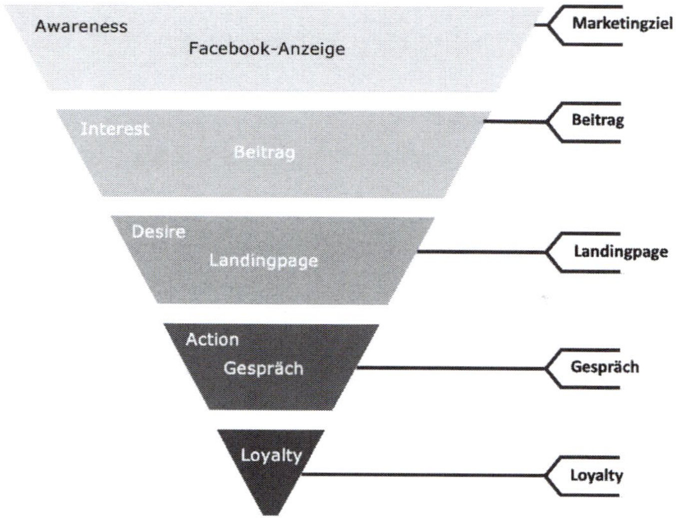

Conversions

A – Bild: von Ihnen in Ihrem Office. Achten Sie auf seriöses Auftreten. Sie können entweder mit der Größe Ihres Büros oder Auszeichnungen das Interesse wecken.

B – Video: wie Sie in Ihrem Office zur DL und Ihrem Unternehmen einige Worte abgeben. Achten Sie auf einen ungewöhnlichen Anfang.

Leiten Sie die Interessenten auf eine Landingpage auf der Sie vor allem weiter Ihr Unternehmen vorstellen und zum Beispiel durch Fallstudien überzeugen. Am Ende sollen sich die Interessenten für ein kostenloses Beratungsgespräch eintragen.

Veranstalten Sie mit dem Interessenten einen einstündigen Zoom-Videoanruf. Analysieren Sie das Problem des Kunden und verkaufen Sie Ihre Dienstleistung.

Sie sollten sowohl Online- als auch Offline-Maßnahmen zur Aufrechterhaltung der Kundenbindung einführen. Bei den Online-Maßnahmen sollten Sie immer stets präsent auf Social Media bleiben.

D) Physisches oder digitales Produkt im Onlineshop

Definition: Hierbei handelt es sich um das Verkaufen von Produkten in einem Onlineshop. Es kann Ihr Onlineshop sein oder Ihr Produkt auf einem Marketplace wie Amazon.

Beispiele: Jegliche physische und digitale Produkte in Ihrem Onlineshop, die nicht erklärungsbedürftig sind.

Schablone 4: *Physisches oder digitales Produkt im Onlineshop*

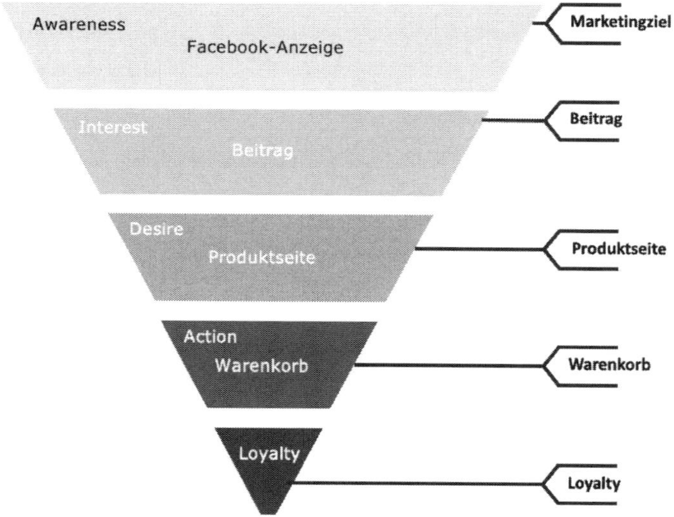

Conversions

A – Bild: Rücken Sie Ihr Produkt in das richtige Licht. Auf dem Bild sollte am besten die Zielgruppe zu sehen sein und der zentrale Vorteil des Produkts.

B – Video: Stellen Sie das Produkt vor. Gestalten Sie das Video dynamisch. Das heißt führen Sie die Funktionen vor.

Leiten Sie die Interessenten in Ihrem Onlineshop auf die Produktseite. Heben Sie sich ab. Nicht nur ein 08/15-Bild und eine langweilige Beschreibung. Zeigen Sie Social-Proof und erzählen Sie eine Story. Egal ob mit Bildern oder kurzen Videos. Beim Kunden sollen Emotionen geweckt werden.

Gestalten Sie Ihren Warenkorbprozess so, dass der Interessent nicht wegklickt und eine Nacht drüber schläft. Daran scheitern die meisten Deals! Der Prozess sollte einfach sein und dem Kunden etwas „Druck" machen. Bauen Sie einen Timer ein und limitieren Sie den Produktpreis für ein paar Stunden.

Sie sollten sowohl Online- als auch Offline-Maßnahmen zur Aufrechterhaltung der Kundenbindung einführen. Bei den Online-Maßnahmen sollten Sie immer stets präsent auf Social Media bleiben.

Schlusswort

Ich gratuliere Ihnen zum Durchlesen des Ratgebers!

Nun sollten Sie zur Umsetzung kommen, wenn Sie es nicht bereits angefangen haben! Denn nur so werden Sie erfolgreich sein. Beachten Sie die vorgestellten Strategien und Bauen Sie die Facebook-Ads Schablonen bei Ihnen im Unternehmen ein. So werden Sie Schritt-für-Schritt zum Erfolg kommen.

Bevor Sie das Buch schließen, würde ich Sie noch gerne um einen Gefallen bitten: Wenn Ihnen **das Buch gefallen hat**, dann werde ich mich sehr über eine Bewertung von Ihnen auf Amazon freuen!
Ich bin genauso offen gegenüber Kritik. Wenn Ihnen also etwas nicht gefallen hat oder Ihnen wichtige Sachverhalte gefehlt haben, dann schreiben Sie mir bitte eine E-Mail zu diesem Sachverhalt. Ich werde mich persönlich darum kümmern!

as-verlag@web.de

Danke vorab und stets einen erfolgreichen Online-Auftritt

Anton Marquardt

Buchempfehlung

Instagram Marketing

Social Media & Online Marketing Guide mit Strategien für Unternehmen, Unternehmer & Anfänger. Algorithmus verstehen für mehr Reichweite, Follower & Kunden!

Inkl: 15 geheime Tipps, damit Sie Ihre Konkurrenz abhängen

https://www.amazon.de/dp/B088LD4PPQ

Haftungsausschluss

Der Inhalt dieses Buches wurde mit großer Sorgfalt geprüft und erstellt. Für sämtliche Inhalte kann jedoch keine Garantie übernommen werden. Dies gilt weder für die Richtigkeit, Vollständigkeit, noch Aktualität der Inhalte. Alle enthaltenen Informationen basieren lediglich auf der eigenen Meinung und persönlichen Erfahrung des Autors. Für selbstverursachte Schäden und Fehlhandlung des Lesers wird daher keine Haftung seitens des Autors übernommen. Zudem garantiert der Autor keinerlei Erfolge mit den im Buch erwähnten Informationen, da diese wie oben genannt nur auf persönlicher Erfahrung des Autors basieren und lediglich als Einführung in das Thema dienen sollen. Gleichzeitig wird keine Haftung auf den im Buch angegebenen Quellen und externen Webseiten übernommen. Für all diese Inhalte ist einzig und allein der jeweilige Webseitenbetreiber verantwortlich, weshalb der Autor automatisch von einer Haftung ausgeschlossen ist. Zudem stellt das Buch keine rechtliche Beratung dar. Bei rechtlichen Fragen wird ausdrücklich darauf verwiesen einen Anwalt zu kontaktieren.

Impressum

1. Auflage 2020

Kontakt: Anton Scharton (A|S Verlag)/ Saint-Claude-Str. 83/1 / 72108, Rottenburg

Covergestaltung: fiverr.com/germancreative

Coverbild: depositphotos.com

Printed in Poland
by Amazon Fulfillment
Poland Sp. z o.o., Wrocław

64799941R00076